子どもに向けてつくるラーニングストーリー

一番の読み手は子ども自身。大きくなってもその子を支え続けてくれることを願って、保育者・保護者が楽しみながらつくります。

保育の充実とラーニングストーリーのいい関係

ラーニングストーリーは単なる記録ではありません。カメラを構える瞬間も、子どもの気持ちを想像してコメントを書く時間も、読みながら次の保育の展開を考えることも、保護者とのやりとりも、すべてがラーニングストーリーのプロセス。ラーニングストーリーは保育者の成長と保育の充実のまんなかに位置づいています。

シャッターチャンスを探していると、子どもがやろうとしていることに気づけることも

この場面、
見てなかった!
みんな
何しているの?

すごい! 自分で履こうとしてる!
早く保護者に伝えたいね!

次は、○○を用意したら
もっと遊びがおもしろくなるかもね!

今日の子どもたちのこと、明日の保育のこと……
一枚の写真をきっかけに話がはずんで
気づけば保育者同士の対話が増えていた!

ラーニングストーリーは子育て支援の新しいカタチ

月1回、保護者に手渡されるラーニングストーリーは、家族みんなで子どもの育ちを喜び合うゆったりとした時間をつくりだしてくれます。そんな中で育まれる大人同士のあたたかい輪の中心に、子どもがいること、それがもっとも大切な子育て支援。

Learning Story

子どもの育ちを保護者とともに喜び合う

ラーニングストーリー
はじめの一歩

丸亀ひまわり保育園・松井剛太 著

ひとなる書房

《 もくじ 》

はじめに　4

解説1　ラーニングストーリーって何？　6

1章　すべてがはじまる前のストーリー ———— 9

特集1　丸亀ひまわり保育園はこんなところ　10
1　運命の（？）出会い　12
2　わからないことだらけ……でもとにかくやってみよう！　14
3　あれこれ下準備　16
　1）名前をつける　16
　2）ファイルを探す　16
　3）表紙を決める　17
　4）テンプレートをつくる　18

2章　ラーニングストーリーをつくる ———— 23

特集2　ラーニングストーリーづくりの流れ　24
1　保護者に説明する　26
　1）年度はじめにも、渡すときにも　26
　2）保護者と共有したい5か条　27
2　子どもの写真を撮る　28
　1）子どもをとらえる4つの視点　28
　2）写真の悩みトップ3　Q&A　30
特集3　私のベストショット！　32
3　写真を選ぶ　36
　1）写真を撮ったらどうする？　36
　2）写真選びの対話が保育者の学びに　37
特集4　写真を選ぶときどんなことを話しているのかな？　38
解説2　記録は書いたら終わりじゃない　40
4　コメントを書く　44
　1）完璧なコメントを目指さなくても大丈夫　44
　2）肯定的に書くってどういうこと？　45
　3）連絡帳とは違うのです——あて先は保護者じゃなくて子ども　46
　4）泣き顔はNGなの？——「困難に立ち向かう」をめぐって　47
解説3　何気ない出来事にひそむ宝物　48
5　保護者に渡す　51
6　保育に活用する　52
　1）園での保管場所　52
　2）他の保育者のメモリーから学ぶ　53
　3）次の展開を考える　53
　4）家庭からのコメントにもヒントが！　54

3章　保護者にとってのラーニングストーリー 55

1 ご自由にアレンジしてください　56
　　　解説4　保護者が保育に参加する !?　60
2 ラーニングストーリーは家庭でどう読まれているんだろう？　62
　　1）アンケートをとってみました　62
　　2）突撃お宅訪問　64
3 ラーニングストーリーは子育てに影響する !?　66
　　1）家族の会話が増えた！　66
　　2）お母さんとお父さん、それぞれの反応　68
　　3）家庭で子どもが主人公に！　70
　　4）0〜2歳で子どもの見方が変化する？　72
　　　特集5　保護者コメント傑作集　76
4 保育者へのまなざしにも変化が　78
5 子育て支援としてのラーニングストーリー　80
　　　解説5　子どもに映る現代の子育て　82

4章　ラーニングストーリーで保育はどう変わったか 85

1 揺れながらすすむ保育者たち　86
2 ラーニングストーリーとともに育つ私　90
　　1）メモリーを渡す日が楽しみに　90
　　2）自分の成長に気づいた瞬間　92
　　3）「困難に立ち向かう」のとらえ方を深める　94
3 ラーニングストーリーとともにふくらむ遊び　102
4 ラーニングストーリーとともに見直す環境・保育内容　106
　　　解説6　目に見えるスキル・見えないスキル　110

5章　次への一歩 115

1 ラーニングストーリーを3・4・5歳でも　116
　　1）自分の存在の根幹になることを願って　116
　　2）子どもがいつでも手に取れるように　117
　　　特集6　子どもにとってのラーニングストーリーの意味　120
2 子どもの声をしんぶんに　122
　　1）もっと子どもの声を聴きたい　122
　　2）おにいちゃん、おねえちゃんがやってきた！　123
　　3）みて！　こんなことしたんやで　123
　　　解説7　子どもの声からはじまる保育　130

おわりに　134

3

はじめに

保育者だけでがんばらなくていい

　いま、多くの保育者を悩ます「保護者との関係づくり」。どんなに「今日は子どもたちと楽しい一日を過ごすことができた」と思っても、保護者との関係がうまくいっていないと、保育者の心は晴れません。

　一方で、保育に寄せられる社会の期待はますます大きくなっています。保育の質の向上、安全の確保、小学校との接続、保護者との連携、そして子育て支援……。目の前の子どものことだけに集中しづらい状況があります。

　これからは保育の充実もはかりながら、それに上乗せして保護者との関係づくりにも、子育て支援にも、もっと力を入れなければならないのでしょうか。いえ、そんなふうにとらえる必要はありません。保育や子育て支援を別々にがんばるのではなく、保育者だけでがんばるのでもなく、保護者や地域の人と一緒にとりくめばよいのです。

同じ目線に立って子どもの育ちを喜び合う

　一人の子どもの育ちは、保育園と家庭とに区切られるものではありません。子どもはいつでもどこでも、自分の成長を、たくさんの人が喜んでくれることを全身で感じながら育っていきます。「保育」とか「子育て」といった区分は子どもには関係ないのです。

　子どもの育ちを、その子にかかわる大人たちみんなで共有し、喜び合う。さらにその喜びを当の子どもとも共有することこそ、これからの保育や子育て支援で目指したいことではないでしょうか。それは結果的に、保育や子育てを楽しくするだけでなく、保育者と保護者双方の成長や保育・子育ての質の向上をも後押ししてくれるでしょう。

　そんな実践に、一歩踏み出した園があります。香川県にある丸亀ひまわり保育園です。参考にしたのは、ニュージーランドのラーニングストーリー。ラーニングストーリーとは、子どもがどんな経験をしてきて、どんなことが得意で、いまどんなことに夢中になっているかを写真と文章で記録し、保育

園と家庭との間を往復する1冊のファイルです。

　写真を使った記録と言えば、最近では、保育を可視化して保護者への説明責任を果たしたり、保育の質を向上させたりするためのさまざまな評価方法が実践に移されています。しかし、それらは使い方を誤れば、保育者の見方をわかりやすく保護者に押しつけるということにもなりかねません。そうなると、いくら記録のつくり方に長けていても、「保護者とともに」という視点は抜け落ちてしまいます。

　大切なのは、記録をつくったあとです。記録をきっかけに対話を重ね、子どもの姿を共有し、ともに喜び合う。そして、その子どもの姿にどのような意味があるのかを、保育者と保護者がともに見つけていく。本書で紹介するとりくみは、この点を大切にしています。

保育と子育て支援の新しいカタチ

　名づけて「メモリー」。一人ひとりの子どもの育ちを保育者と保護者がともに「記録」と「記憶」に残すことで、子どもへの理解を深め、保育の充実につなげていきます。同時に保護者には「自分の子どもってすごいんだ」「子育てした甲斐があった」と心から実感してもらえるような子育て支援を目指しました。しかも、新人からベテランまで、無理なくできる方法にもこだわりました。まだまだはじめたばかり。でも、ジグザグの一歩一歩は新鮮な発見に彩られています。保育と子育て支援の新しいカタチは、いったいどうやってはじまって、どうやって続いているのか。それでは、はじまりはじまり。

松井 剛太

本書は、実践の経過や事例部分は丸亀ひまわり保育園の職員が、解説やデータ部分は実践に伴走している香川大学の松井剛太が担当し、松井が全体をまとめたものを再度全員で検討してつくりました。また、本書に登場する保護者のコメントや子どもの名前・写真など個人情報についてはすべて了解をとった上で掲載しています（一部仮名に変更）。ご理解・ご協力くださったみなさまに心より感謝申し上げます。

解説1　ラーニングストーリーって何？

❶ テ・ファーリキ ── 子どもをあたたかく包み込む

中島みゆきの名曲「糸」。そこに次の歌詞があります。

「縦の糸はあなた　横の糸は私
織りなす布はいつか誰かを暖めうるかもしれない」

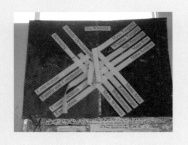

　ニュージーランドの就学前統一カリキュラム「テ・ファーリキ」は、先住民の言葉であるマオリ語で「敷物」を意味します。写真のように多くの就学前施設には、テ・ファーリキの図が壁面にはられています。

　図は、就学前教育は4つの縦の糸と5つの横の糸が織り重なって構成されることを示しています。縦の糸は、カリキュラムの原則で、「エンパワメント」「全体的発達」「家族とコミュニティ」「関係性」。横の糸は、学びの要素で、「心身の健康」「所属感」「貢献」「コミュニケーション」「探究」。

　これらの糸が織りなされる形で、一人ひとりの子どもの社会文化的背景をあたためながら保育が実施されていくのです。「一人ひとりの子どもの社会文化的背景をあたためる」とは、特定の文化や考え方、大人の基準を押しつけるのではなく、その子ども一人ひとりの経験や考え方、生まれおちた地域や家族の文化や主体性を尊重するということです。

　このようなカリキュラムが生まれた背景には、ニュージーランドという国の独特の成り立ちがあります。もともとそこに暮らしていた先住民をあとから入植してきた白人たちが迫害するという苦い歴史を経て、現在では、先住民であるマオリの文化をはじめ、さまざまな民族が互いに尊重し合ってと

もに暮らすことがこの国の政治や教育、保育の、譲れない大原則とされているのです。

もう一つの背景は、1990年代、国がすすめていた教育改革の一貫として、就学前施設にも学校教育にスムーズにつながるような成果や説明責任が求められていたことです。その中で、小学校の下準備的なカリキュラムや目に見えやすいチェックリストよりも、子ども一人ひとりの失敗や試行錯誤も含めたさまざまな経験、ユニークな表現や意見こそ大事にすべきだと考えた実践者と研究者たち。ともに手を取り合って研究を重ね、具体化したのがテ・ファーリキであり、このカリキュラムに対応する保育評価の方法として新たに編み出されたのがラーニングストーリーだったのです。それは、それまで一般的だった学びの成果のとらえ方や説明責任の方法を180度転換させる画期的な提案でした。

❷ ラーニングストーリー ── 保育も子育ても楽しくなる

ニュージーランドとは歴史的にも文化的にも異なる日本ですが、テ・ファーリキに対する関心は強く、ラーニングストーリーも「学びの物語」としてすでに紹介されています。詳細は他書に譲るとして、ひと言で言えば、子どもが何かに関心をもってかかわっている姿を、その子を主人公にした小さな物語のように書き綴っていくことで、その子が何をどのように学んでいるかを浮かび上がらせ、その子にかかわる関係者みんなで共有し、次の保育の展開を探っていくとりくみです。

私自身は、2005年にニュージーランドを訪問したとき、はじめてラーニングストーリーの実物を見せていただきました。見せてくれたお母さんが「うちの子は小さいとき、こんなことしてたのよ」とうれしそうに語ってくれたことがとても印象的でした。ラーニングストーリーでは、保育の中の姿、家庭の中の姿を同じ価値をもつものとして描き、子どもの育ちを保育者と保護者がともに喜び合うのです。

私と丸亀ひまわり保育園の保育者たちがとくに共感し、自分たちの実践に取り入れることにしたラーニングストーリーの考え方は下記の3点です。

　第1に、「**何かができるようになった**」ことにとらわれないことです。ラーニングストーリーは、子どもがその子の生活の文脈の中で、モノや人にふれ、興味をもち、探究し、関係を築きながら育つ姿を大切にしています。これが「できて」、あれが「できない」ということばかりに着目しないことにしました。

　第2に、**子どもにもわかるように平易な言葉で書くということ**です。ラーニングストーリーには子どもも参加します。たとえ文字は読めなくても、何が書いてあるかを教えてあげることはできます。そのときの写真があって、聞くとわかる平易な言葉がある。それにより、子ども自身も読み手に組み込むことが可能になります。2歳児にもなると、ラーニングストーリーを見ながらお話をすることもできてきます。

　第3に、**保護者が声を寄せる欄をつくる**ことです。テ・ファーリキの横の糸に「家族とコミュニティ」があったように、ラーニングストーリーは、家族や地域の人たちも参与し、楽しむ物語です。保護者もともにラーニングストーリーをつくる主体になることで、子どもの育ちに関する理解を広げることにつながります。

　この3つの考え方から導き出されるもっとも重要なこと。それは、**子どもの育ちが楽しくなること**です。「できる」「できない」にかかわらず、その子の育ちを見つけ、子ども自身もともに読みながら、家族や地域の人たちも子育てが楽しくなる。そして……

　縦の糸は家族　横の糸は地域の人たち
　織りなす布はずっと子どもたちを暖めうるにちがいない

{ すべてがはじまる前のストーリー }

1章　すべてがはじまる前のストーリー

特集 1　　丸亀ひまわり保育園はこんなところ

園の概要

所在地	香川県丸亀市城東町 2-1-38
開設年月	2001 年 4 月
敷地面積	536.5㎡
延べ床面積	279.6㎡
定員	90 名
職員数	21 名

丸亀ひまわり保育園の保育

健康で多様な価値観と、感受性が育っています。

丸亀城の近くという恵まれた環境のもと、毎日のお城への散歩によって、四季の移り変わりを0歳のときから肌で感じることができます。

「考える力、創造する力を養う」をモットーに保育しています。

絵本の読み聞かせに力を入れて、また木のおもちゃに囲まれた保育環境です。

丸亀ひまわり保育園の歩み

1996年10月　認可外保育園としてスタート（初代園長、高橋蓉子）。
2001年 4月　社会福祉法人丸亀ひまわり保育園開園（定員35人）。
2005年 1月　保育室増築・定員増（定員45人）。
2005年 4月　「一人ひとりの子どもたちの主体性を大切にする」見守る保育の研修スタート。
2012年 4月　保育室増築・定員増（定員90人）。
2013年 4月　ラーニングストーリーと出会い、0・1・2歳児のメモリーをはじめる。
2017年 4月　2代園長、髙橋真由子就任。「ひまわりしんぶん」をはじめる。
2018年 4月　3歳児以降のメモリーをはじめる。
2019年 4月　幼保連携型認定こども園 丸亀ひまわりこども園として開園予定。

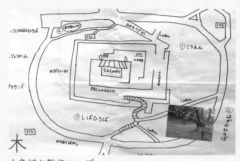
丸亀城お散歩マップ

理想の保育を求めて

　保育者として300人以上の大規模保育園での保育経験を重ねていた前園長。一律・一斉の保育が行われる中で、本当にこのままでいいのかと思い悩んでいました。一人ひとりに合った保育がしたい。子ども本来の育ちを大切にした保育がしたい。小規模でもっと家庭的な保育をしたい。思いが募りに募って、保育園を退職。もうあとには引けない。無認可の保育園を立ち上げることにしたのです。何もないところからのスタート。「保育園ができました」とあいさつまわり。園のポスターはりのお願い。保育もすべてが手づくりで子どもとともに歩んだ日々でした。いろんな実体験・本物にたくさんふれさせてあげたいと丸亀城へ毎日散歩。どの体験もワクワクドキドキするものばかりです。何ができたのかではなく何を体験したのかを大切に、プロセスを楽しんできました。そんな中で保育をわかってくださる保護者たちと子どもたちの笑顔に支えられて今日に至っています。

1 運命の（？）出会い

どこかで実践したくてウズウズしていた

　2005年にはじめてニュージーランドのラーニングストーリーを知り、その後もニュージーランドを訪れるたび、どこかで同じような実践をやれないかなあとぼんやりと考えていた矢先、丸亀ひまわり保育園と出会いました。ある研修会の控室。香川県内の保育者が大勢集まる会に呼ばれた際、控室で丸亀ひまわり保育園の当時の園長、高橋蓉子先生から声をかけていただいたのです。その場で、保育にかける熱い思いをうかがうとともに、園内の保護者向けの講演を依頼されて引き受けました。

　せっかく園にうかがうのだから保育を見せてほしいとお願いし、保育を見学させていただくと、若い先生が多い、そして子どもと一緒によく笑い遊ぶ。そのあとにあった保護者向けの講演もわりとしっかり聞いてくれる保護者が多く、終了後に控室に来て子育ての話をしてくれる方もいました。ここだったら、研究の協力をしてくれるのではないか、そんな淡い期待を込めて恐る恐るお願いしたところ、なんと即決で快諾！（毎月の園内研修とセットで）いやいや、実際にやるのは現場の先生方ですから。そんな簡単に引き受けていただいていいんですかね。けっこう大変だと思いますよ。ほんとにいいんですか？　思わず、お願いしたこちらが気後れしてしまうほどに、ノリよく了承してくれたのです。

　こうして、子どもの育ちを保護者とともに喜び合う実践は、丸亀ひまわり保育園のもとでスタートしたのでした。

松井剛太（香川大学）

期待と不安と

　香川大学の松井先生がうちの園に研修に来てくださる。しかも毎月!?　こんなラッキーなことがあっていいのかと喜ぶ園長はじめ幹部職員。

　いったいどんなことがはじまるのか、「ひまわりの保育」がどう変わるのか、期待に胸ふくらむ園長たち、それにくらべてどちらかというと不安が勝っている職員と、多少の温度差はあるものの、松井先生の目に留まったことが誇らしいという気持ちはだれもが同じでした。

　そしてはじめての打ち合わせの日、松井先生からうかがったのはニュージーランドで行われているラーニングストーリーをうちで実践したいというお話でした。

　子どもの人数も増え、新しい保育者も増えてきた中で、「お母さんたちの思いにこたえられているのか？」「子どもの育ちをみんなと共有できるような保育をしたい」「保護者にも子どものよさを知り、保育に参加してほしい」と思っていた矢先。まさに天の啓示、棚からぼた餅!?

　それに「ポジティブな視点」でというのもすばらしい。保育者たちの意識も変わってくれそうだ。保護者への目に見えるアピールポイントにもなる。何より子どもに向けてつくるって本当にすてき！　と、いい面を考え、前のめりすぎてこけそうになりました。

髙橋真由子（丸亀ひまわり保育園園長）

1章　すべてがはじまる前のストーリー

$$\Big\{ \begin{array}{c} \mathbf{2} \\ \text{わからないことだらけ} \cdots\cdots \\ \text{でもとにかくやってみよう！} \end{array} \Big\}$$

保育者たちの反応

　そうは言っても、実際やるのは保育者たち。これってかなりの負担になるのでは？　また仕事が増えたと思われないかしら。保育中に写真を撮ることに気を取られすぎて、保育がおろそかになってしまったらどうしよう。期待と不安が交互にやってくる中、これはもう現場の先生たちに任せるしかない、彼女たちならきっとやってくれる！　と覚悟を決めたのでした。

　さて、松井先生をむかえてのはじめての園内研修。「テ・ファーリキ」「ラーニングストーリー」……はじめて聞く単語にみんな「はぁ〜」。なんや外国語みたいやな（外国語ですが）と、わかったようなわからないような反応。

　「子どもたちの写真を撮って記録していけばいいんですね？」

　とはいえ、なんでも撮ればいいというものでもないらしい。どんな場面を撮ったらいいのか、何を書いたらいいのか、わからないことだらけ。そこで前園長の鶴のひと声。

　「とにかくやってみないとわからない。やりながら考えよう！」

　かくして、このとりくみがはじまったのです。ニュージーランドでは、保育者1人が子ども4人程度のラーニングストーリーを作成しているとのことでした。日本の幼児クラスの配置基準で同じことをするのはしんどいかも。そこで無理はせず、まずは0・1・2歳児クラスでやってみることにしました。

14

保護者たちの反応

　このとりくみを成功させるには保護者の協力が不可欠。折よく新年度の保護者会があったのでそこで説明することにしました。気になるのは保護者の反応です。果たしてどんな表情が見られるのか……。

　「今年度から、成長著しい０・１・２歳児のお子さんについて新しい試みをはじめます。子どもたちの成長を写真とともに記録していきます。それを月に一度みなさんにお渡しし、コメントを記入してお返しいただきます」

　イメージがわきにくいのか「へぇ～」という反応がほとんどでした……。しかし、数名の保護者が目をキラキラさせて深くうなずいているではありませんか。よし、このとりくみを通して、すべての保護者の目を輝かせてやるぞ。一抹の不安を抱えつつ、数名の保護者に勇気づけられてのスタートだったのでした。

3
あれこれ下準備

　いざやるってなっても、「今日からすぐ」というわけにはいきません。私たちはこんなことを下準備として行いました。

1）名前をつける

　ラーニングストーリーもいいけど、ちょっと長い。なるべくシンプルで親しみやすい名前をと、「Memory（メモリー）」と命名。日々の何気ない出来事を写真や文で「記録」していくことによって「記憶」に残るようにすることをねらって。

2）ファイルを探す

　色は？　大きさは？
　いろいろ迷って、使い勝手と予算の都合で100均のファイルに決定。

 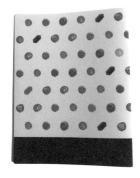

3）表紙を決める

　ニュージーランドのラーニングストーリーにならって表紙は子どものカメラ目線の顔写真に。いろいろなパターンをつくって、みんなで検討しました。

初期のメモリーの表紙

○○には子どもの名前。フォントはかわいくさわやかに

子どもの顔写真。枠は華やかに

メモリーをつくった年度とクラス名

改善したメモリーの表紙

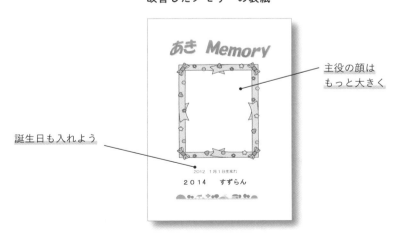

主役の顔はもっと大きく

誕生日も入れよう

4）テンプレートをつくる

　思わず見てしまいたくなるような、自分が保護者だったら受け取ってうれしくなるものをつくる。そんな意識で改善を重ねていきました。

- 毎月の題名をつけよう。
- 写真を入れ込む枠をつくろう。
- コメント欄は保育者用と保護者用の2つ。
- 写真もコメントもカワイイ枠で囲んじゃおう。
- 余白には季節感があるイラストを入れよう。

初期のテンプレート

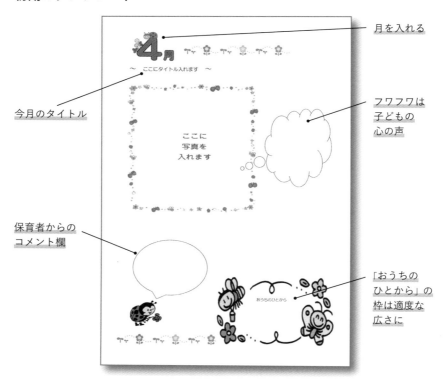

最初はこんな仕上がりでした

- つくりはじめはまずは1枚の写真から。その1枚を選ぶのにもどれがいいか迷う。
- 保育者のコメントが少ない。何を書けばいいのか、四苦八苦。
- 写真とコメントを入れてみて、全体のバランスはどうかな……などとパソコン画面とにらめっこ。
- 誤字・脱字はないのか最終チェック。カラー設定・用紙設定をしていざ印刷へ。ところが印刷してみると、写真が変形していたり文字の間違いがあったり……。

改善がくり返された現在のテンプレート

- やっていくうちにテンプレートもどんどん変化していきました。
- 写真の枚数が増えていきました。
- 月によっては、複数のテーマを取り上げるのも OK（タイトルも増やす）とするなど、レイアウトも柔軟に。
- 子どもが「しゃべったこと」と「心の中で考えていること」を吹き出しの形で分けよう。

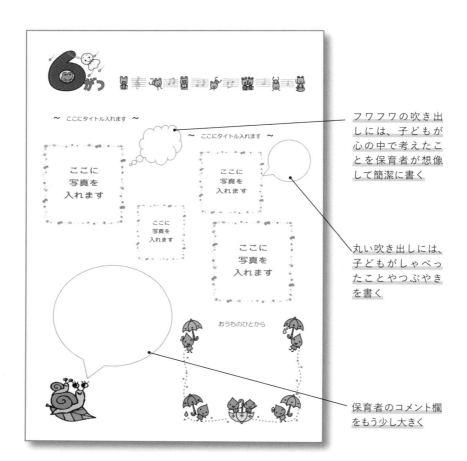

現在のテンプレートを使ったメモリーの例

- だんだんベストショットのタイミングがわかってきて、写真を撮るのがじょうずになってきた。
- 子どもが撮られることに慣れてきて、あまり気にしなくなってきた。
- 紙面構成も個々の保育者たちが考えてできるようになり、個性的なメモリーになってきた。
- 基本テンプレートのアレンジもどんどんよくなってきた。

写真がどんどん増えてきました

いろんな人が見て書き込んでくれたり、何か月後に保護者のコメントが増えていることもあるので、保護者との連携をより密にとっていくためには、余白こそ大切だと気づきました

保育者のコメントもどんどん増えてきて、逆にこれでもかというぐらい多くなってしまい、反省！ もっとよく考えて的を射た文章にしたり、写真を選ぶようにすることが次の課題に

{ ラーニングストーリーをつくる }

ひまわり用語プチ解説

メモリー：ラーニングストーリーのこと。保護者の方にも親しみやすいように園独自の名前をつけました。

メモリーチャンス：ラーニングストーリーにぜひ載せたい場面のこと。保育者同士で「いまがメモリーチャンス！」と伝え合う中で、少しずつシャッターチャンスや子どもの内面のとらえ方がわかってきました。

メモリースランプ：それでも、ときどきおとずれる「撮れない」「書けない」スランプのこと。でも、視点やコンセプトに立ち戻ったり、保育を見直すきっかけにもなるのでスランプも悪くない!?

メモリータイム：家庭でメモリーを囲んで家族で話す時間のこと。

2章　ラーニングストーリーをつくる

| 特集2 | ラーニングストーリーづくりの流れ |

❶ 保護者に説明する
ラーニングストーリー「メモリー」のコンセプトと作成の流れを説明。保護者からの質問に応じながら、一緒につくっていくことを確認。

❷ 子どもの写真を撮る
子どもをとらえる4つの視点（p28）を大切にスマホで撮影。

❸ 写真を選ぶ
顔が写ってなくても大丈夫。その子の育ちをポジティブにとらえる。

特集2　ラーニングストーリーづくりの流れ

❹ **コメントを書く**
何をしているところか、どんなことを考えていたかを想像して、がんばってるね、楽しんでるねと語りかけるように書く。

❺ **保護者に渡す**
年度はじめだけでなく、はじめて渡すときも再度きちんと趣旨を説明しよう。「こんな場面なんですよ〜」と説明しながら渡すと楽しい。

❻ **保育に活用する**
保護者からコメントを入れて返してもらったら保育者が保管。でも、しまいっぱなしではなく、ときどき見返して、保護者コメントを保育の参考にしたり、保育のふり返りや次の展開に生かしたりと保育に活用する。

2章　ラーニングストーリーをつくる

I 保護者に説明する

1）年度はじめにも、渡すときにも

　何も言わずに渡すと、効果も半減。毎年、年度はじめに説明会を開きます。コンセプトを理解していただくためにこれだけは伝えたいポイントは、「未来の本人に向けてご家族と保育者が子どもの育ちを一緒に喜び合いながらつくっていきましょう」ということ！
　もちろん途中入園の方にも、そして実際にはじめて保護者にお渡しするときにも個別にていねいに説明します。

途中入所の保護者への説明会。まだまだちょっと緊張気味

26

２）保護者と共有したい５か条

　実際にラーニングストーリー「メモリー」をつくっていく上で、保育者と保護者で共有したいことを５か条にまとめました。

その１　ポジティブにとらえるべし
写真も保育者からのメッセージも全部ポジティブにとらえること。「〜できなかったけど」とか「いつもは言うこと聞かないけど……」なんてことは書かない！

その２　たくさんの人と共有するべし
夫婦間、きょうだい、祖父母はもちろん、友だちや近所の方など、たくさんの人と共有すること。子どもの育ちを喜んでくれる人を増やす。

その３　未来の本人に向けてメッセージを書くべし
未来の○○ちゃんに向けて書く言葉は愛情にあふれているはず！　愛されてきた履歴を残す。

その４　ひらがなで書くべし
字が読めるようになったら読んでほしい。メモリーのあて先は、「子ども」です。

その５　家族中で書くべし
だれが書いても OK ！　お父さんお母さん、おじいちゃんおばあちゃん、きょうだい、おじおば etc……みんなでその子の育ちを言葉にしてあげて。

2 子どもの写真を撮る

1）子どもをとらえる4つの視点

　子どもの写真を撮る。案外むずかしいこのミッションに立ち向かうにあたって、私たちはニュージーランドの保育者たちがラーニングストーリーを書くときに、子どもの学びを見出す手がかりにしている5つの視点を参考にしました。でも、「関心」とか「熱中」とか、なんだか堅苦しいな。具体的な子どもの姿が想像しにくいし。そこで私たちなりに、子どもの姿が見えてくるような言葉に変換してみました。

ニュージーランドの保育者たちが子どもの学びを見出す手がかりにしている5つの姿	ひまわり流アレンジ
❶ 何かに関心をもっている	視点1 オモシロそうなもの見っけ！

あれこれ探究する姿はまるで科学者のよう

2　子どもの写真を撮る

❷ 熱中している

視点2　楽しくて仕方が
ないんです、許して。

危険がなければ
口出し・手出しせ
ず見守ってみよう

あえてむずか
しいことにとり
くむ真剣さが
かっこいい！

❸ 困難に立ち向かっている

視点3　わたくし、ただいま
壁を乗り越えようとしています。

---

❹ 自分の考えや気持ちを
　 表現している

視点4　この気持ち、
わかってください。

言葉が出る前か
らたくさん発信し
ています

---

❺ 自分の役割を
　 果たしている

私たちはまずは0・1・2歳クラスでとりくむことを
考えていたので、さしあたって❺は除くことに。

29

2章　ラーニングストーリーをつくる

２）写真の悩みトップ３　Ｑ＆Ａ

　主役は子ども。子どもの思いを代弁するような写真を目指し、保育者も楽しみながら撮ることを心がけました。とはいうものの、こんな悩みが……

Ｑ１：子どもに気づかれたらどうするの？

　Ａ：子どもに気づかれずにさりげなくそっと近づき、素早くシャッターを押す。たったこれだけのことと思いきや、最初はむずかしいことでした。救いはスマホ。子どもたちはスマホに慣れていて、すぐに写真を撮られていることを気にしなくなりました。おまけに最近のものは、連写ができたり編集ができたり、すてきな機能がついていて使い勝手がいいですよ。

Ｑ２：写真ってタイミングよく撮れるの？

　Ａ：はじめはカメラを構えるまでもたもたしてしまい、構えたときには思っていたショットが撮れなくて残念、かろうじて撮れていたのを見てみると「こんなんじゃないよ」と思うことがしばしばありました。ポイントは保育者同士の連携です。クラスの保育者同士で写真を見せ合い話していくと、お互いに「いまチャンスみたい」と声をかけ合うことが増え、いいショットの写真が多く撮れるようになってきました。

Ｑ３：保育に集中できるの？

　Ａ：最初は、メモリーに適した場面を見つけることがむずかしくて、「撮らなきゃ」と思うあまり、保育中も笑顔が少なかったかもしれません。でも、写真を撮るのは基本的に子どもが輝いている場面。ということは、輝いている場面が見えるような保育をすること、まずはそこからです。それができれば子どもが輝いている場面が増えて、自然と保育をしながら写真を撮れるようになっていきます。

2 子どもの写真を撮る

子どもの目線になってスマホを構える

先輩保育者が伝えたいこと

・カメラ目線の写真より、夢中になっているところを撮る。
・写真を撮るときは、子ども目線になって撮るようにする。
・上からではなく表情も見えるように撮る。
・子ども一人ひとりの様子をしっかりと見て、輝いているなぁ、がんばっているなぁと思うことを写真で撮る。

いまメモリーチャンス！

向畑真帆（メモリー歴2年）

　子どもの輝いている姿や、がんばっている姿を写真で撮ったらいいと教えてもらいましたが、言葉だけでは少しむずかしいところもありました。ただ単に遊んでいる写真や、食べている写真を撮るのではなく、遊んでいる写真でも前と違った遊び方をしていたり、輝いている姿を見つけるのが最初はなかなかできませんでした。実際にそのような姿が見られたときに、他の保育者から「いまメモリーチャンス！」と教えてもらったりすることで、だんだんどのような写真を撮ったらいいのか理解できるようになってきました。

　コメントも何を書けばよいのかわかりませんでしたが、写真だけでは伝わらないことをコメントで書くように教えてもらい、だんだんと書けるようになってきました。メモリーをまだ2年しかしていなくてわからないこともたくさんありますが、いろいろ教えてもらったので少しずつ理解できるようになってきました。

特集3　私のベストショット！

どんな場面？
てんとう虫を見つけた1人の子どもが、もう1人の子どもを誘って2人で見ている場面。
なぜ撮ったの？
肩を寄せ合って、2人で夢中で見ている姿がかわいかったから。
撮影ポイント
一緒にしゃがんで虫を探していたので、この瞬間が撮れました。　　藤井

どんな場面？
保育者のことを「まてまて〜」と言いながら追いかけっこをしている場面。
なぜ撮ったの？
春の自然の中でのびのびと楽しそうに笑顔で走ることを楽しんでいたから。
撮影ポイント
保育者が振り向くと、飛びきりの笑顔で追いかけてくる！ 逃げながらとっさにシャッターを切りました。　　三木

どんな場面？
転んで起き上がれずに泣いている子が、助け起こそうとしてくれた女の子の手を振りほどき「じぶんで〜！」と泣きながら自分で起き上がることができた場面。
なぜ撮ったの？
転んだ子に手を貸してあげようとしているお世話好きの女の子を撮影しようと見ていたら、いつもは自分で起き上がろうとしない男の子が、このときはじめて"起こしてもらいたいけど、自分でしなくてはいけない"と葛藤しはじめたから。
撮影ポイント
両方の表情が写るように同じ目線になって撮りました。
三木

特集3　私のベストショット！

どんな場面？
高い所から飛び降りたいけど、こわくて姉に手を握ってもらい飛び降りようとしている場面。
なぜ撮ったの？
困っている弟を見て、心配して手を差しのべつつ、本人が決断するまで待ってあげているところから、姉弟の信頼関係が感じられたから。
撮影ポイント
どれくらいの高さを挑戦しているかわかるように、下からしゃがみ込んで撮りました。
三木

どんな場面？
食事のあと、自分で口のまわりをきれいにできているのかを確認し、うれしそうにしている場面。
なぜ撮ったの？
鏡を見て自分で確認し、満足そうにほほえんでいたから。
撮影ポイント
鏡越しの笑顔が撮りたかったので、子どもと同じ目線で、鏡の中に撮影者が入らないように斜め横から撮りました。
三木

どんな場面？
汚れを気にすることなく、自由に楽しめるよう上半身裸になって、大きな魚に絵の具でペイントをしている場面。
なぜ撮ったの？
はじめての筆を使った絵の具でのペイント。真剣な表情でドキドキしている様子がすごく伝わってきたから。
撮影ポイント
緊張していたのか、なかなかはじめなかったので女の子3人が筆を持つのを待ち、カメラを構えて撮りました。
三木

33

2章　ラーニングストーリーをつくる

どんな場面？
はげしく遊ぶ子と、そのすぐ近くで気持ちよさそうにリラックスしている子の場面。
なぜ撮ったの？
はげしく遊ぶ子と、温泉に入っているかのようにリラックスしている子との温度差がおもしろかったから。
撮影ポイント
全体の様子がわかるように真上から撮りました。　　三木

どんな場面？
友だちを意識しはじめ、お互い見つめ合っていたので様子を見ていたところ、1人が「ばあ」と言うと、もう1人も「ばあ」と言いほほえみ合っている場面。
なぜ撮ったの？
友だちとのかかわりを楽しめるようになってきた瞬間だったから。
撮影ポイント
子どもと同じ姿勢になって見ていたのでこの瞬間を撮ることができました。　野口

どんな場面？
月齢の低い子が型はめに興味を示し遊ぼうとしていたが、月齢の高い子が自分が遊びたくなり型はめを取ろうとした場面。
なぜ撮ったの？
ただ取るのではなく"ぼくがあそぶからかりるよ。ごめんね"の意味を込めてのヨシヨシで、友だちに対する"ごめんね"の気持ちが育っているんだなぁと思ったから。
撮影ポイント
保育者と月齢の低い子が遊んでいるところに急いでやってきた月齢の高い子。何かするだろうと予測をしてカメラを構えたところ、このような瞬間が撮れました。　野口

特集3　私のベストショット！

どんな場面？
洗濯物を畳むお手伝いを自分からしてくれている場面。
なぜ撮ったの？
保育者が畳み方を伝えたり見せたりすると、一生懸命まねをして、真剣にお手伝いをしている姿がかわいかったから。
撮影ポイント
洗濯物をパンパンと広げるところを連写すると、このような瞬間を撮ることができました。　　　　　　　　　　三木

どんな場面？
はじめはそれぞれが1つずつおもちゃを持って遊んでいたが、しばらくすると1つのおもちゃに2人が夢中になり、取ったり取られたりしながら遊んでいるところ。
なぜ撮ったの？
おもちゃが浮いたり沈んだりするのを不思議がったり、つかみたいけどつかめなかったりと、遊びに夢中になっていたから。
撮影ポイント
まわりを気にせず集中しているなぁと思いカメラを向けました。　　　　　　　　野口

どんな場面？
一人が虫を見ていると、まわりに友だちが集まってきて、一緒に探しはじめた場面。
なぜ撮ったの？
いままで、虫をこわがっていた子どもたちが進級して急に虫に興味をもちはじめた瞬間だったから。一生懸命地面を見つめて会話をしながら探している姿がかわいかったから。
撮影ポイント
地面を見つめている様子がわかるように同じ視線になり、斜め横から撮りました。　　三木

2章　ラーニングストーリーをつくる

$$\left\{ \begin{array}{c} \textbf{3} \\ \textbf{写真を選ぶ} \end{array} \right\}$$

1）写真を撮ったらどうする？

　写真が撮れたら、次は写真選びです。流れを確認しておきましょう。

❶ 撮った写真は共有フォルダに保存する

　撮った写真は、各自共有フォルダに保存します。これで、いつでもどこでもだれでも、どんな写真があるか確認可能な状態になり、「ちょっとこの子の写真が少ないんじゃない？」などということもみんなで確認し合うことができるようになります。

❷ すべての写真をクラス担当者で見て、その写真がどんな場面で、どの視点にあてはまるものなのか、確認する

　慣れてくれば、だれがどんな写真を撮っているか、だんだんわかってくるようになります。でも、そこに至るまでは、どんな写真をどんな意図で撮ったのか確認が必要です。

　「これっていつの場面？」「この写真は、どの視点にあてはまるものなの？」を確認することで、保育者それぞれの子どもの育ちを見るポイントもわかってきます。

❸ 一人ひとりの子どもの育ちを思い浮かべながら、どの写真を載せるか選ぶ

　パソコンの画面で撮りためた写真を見ながら、「今月はどれにしようかな？」などと一人ひとりの子どもの様子をクラスで話し合いながら写真を選んでいきます。

　「このアングルならよく伝わるのかな」「こっちのほうがアップでよりわか

36

りやすいかな」など、楽しい時間です。ついつい余計な話になり、なかなか決まらないこともありますが、お互いの考えがわかるよい話し合いの場になっています。

何枚か決まると、早速テンプレートの画面にはりつけていきます。

2）写真選びの対話が保育者の学びに

写真選びに欠かせないのが「対話」です。「いま、この姿が遊びに集中しているところやね。いいよね」などと保育者間で対話しながら、載せたい写真をしぼっていきます。これを続けていくうちに、子ども一人ひとりのよいところを見つけられるようになってきました。子ども一人ひとりの育ちの「いま」についての共通認識がもてるようになり、保育のレベルアップの土台にも。そして、ベテラン保育者が若い保育者に保育で大事にしたいことを伝える場にもなっています。

担任同士で保育をふり返り、意見交換する貴重な時間

2章　ラーニングストーリーをつくる

特集 4　写真を選ぶときどんなことを
　　　　話しているのかな？

前月の写真を思い出しながら

飴野「今月どうする？」

近藤「前に食事をしている写真を入れたけど、今日3点持ちでスプーンを持
　　　って食べられているから、今月はこの写真をメモリーに入れましょうか」

「やりたい気持ち」をとらえた！

　三輪車やトロッコを持っている写真を見て

新田「これ何しているところ？」

三木「先生が倉庫に片づけしようとしているとき、手伝おうとしているところです」

新田「最近お手伝いしようという気持ちがでてきたね」
　　　「この子、衣服の着脱自分でしようとがんばってるね！」

三木「自分でしようという意識ができてきましたね」

新田「メモリーに入れたらどうかな？」

あえてカメラ目線じゃないものを選ぶ

藤井「どっちの写真がいいと思いますか？」

野口「これは目線がカメラに向きすぎだから、この集中しとるほうがいいかな」
　　　「この遊び（ボール遊びとかテーブルの遊び）はいつでもできるけど、この遊
　　　び（雪遊びなど）はいましかできない遊びだから、こっちにしよう」

さすがうちの保育者たち！

野口「写真を撮る前、この子はいまこんなことができるようになってきているから、
　　　今月はその瞬間を撮りたいね、と話し合ってから撮っているんですよ」

園長「ほぉ〜。そんなに深く考えて撮っているんや！」

38

野口「たとえばこの子の次の発達は"寝返り"と思ったら、寝返りしたくなるようにこっち側におもちゃを置いて、取りに行きたくて寝返りする瞬間を待って撮ってるんです」

園長「すごい！　しっかり予測してそんなしかけまでしているとは。しかもベテランから新人保育者へ、発達のとらえ方を自然に教えることにもなってる!!」

　これってヤラセ!?　いえ、違います。一人ひとりの子どもの「いま」をつかみ、発達の見通しをきちんと学んでいるからできる"発達の援助"です。こんなすばらしいことをやっている保育者たちに拍手！

自然に子どもを見る目が育っていっている！

吉田葉子（主任）

　写真を撮るために、よりしっかり一人ひとりを見ることができるようになりました。というのも、写真を選ぶとき、「○○ちゃんの写真がない！」「メモリーチャンスがない！」と気づくことにより、その子をもっとよく見るようになるからです。おとなしい子、目立たない子がどんな遊びをしているのかということも、取りこぼしなく見られるようになってきました。これってホントすごいこと。自然に子どもたちを見る目が育っていっているのだと思います。

　また、「こんなことやあんなことできるんやなぁ」と保育者同士で話がはずむことが多くなるので、子どもの発達の確認がしっかりできています。それじゃあ次はこんなことができるようになるから、こんな遊びを提案していこうかなどと、子どもに寄り添った遊びを考えるようになったり、環境を変えたりするようになりました。保育者がどんどんやる気になり成長していっています。

　メモリーを見ると過去といまの子どもの姿をつなげてとらえることができます。結果ばかりでなくて子どもの遊びの過程を肯定的に見ることができるようになって、年度替わりの引継ぎもスムーズになりました。見返すことで初心に戻ったり、自分を見つめ直したりすることができるので、保育のマンネリ防止にも！

2章　ラーニングストーリーをつくる

解説 2　　記録は書いたら終わりじゃない

❶ おうちに着くまでが遠足です

　小学校の遠足。学校に帰ってくると、校長先生がいつも言ってくれましたね。「みなさんが家に無事に帰るまでが遠足です！」と。

　さて、保育の記録はどこまでが記録なのでしょうか。「記録者が書き終わったら終わりでしょ」。いえいえ、それは遠足で言えば、まだ学校に帰ってきたところにすぎません。家に無事にたどり着き、家族と思い出話をするまでが遠足です。記録も同様で、保育者や保護者、子どもたちと、その日の「記録」をめぐってあれこれやりとりしたり、書き加えたりすることが大事なところ。記録は、記録者が書き終えたあとに他者に見られ、対話をするプロセスを通して、はじめて意味をもつものなのです。

❷ 「保育の評価」とは、ともに「意味」をつくり出していく営み

　1980 年代以降、保育の質に関する研究がたくさん見られるようになりました。当初の視点は、「質とは何か？」「質をどのように測定するのか？」「どのように質を保証するのか？」でした。そこには、「保育の質は規定できる」「保育の質は特定の尺度で測れる」「保育の質は特定の方法で保つことができる」という前提がありました。そして、普遍的で客観的な基準を追い求めていくうちに、生身の子どもたちからは遠いものになっていったのです。

　これに対して、「個性や生活環境の異なる子どもたちがいる中で、1 つの尺度では測れないのではないか？」「保育の評価は、その子どもに返っていくべきものではないか？」といった疑問が出されるようになります。

　社会一般に、何かの「質」とは、「最先端の科学技術との隔たり」の程度で示されます。たとえば洗濯機の場合、まだ使えるのに「そろそろ買い換えたい」となるのは、いま使っているものと、「最先端の科学技術との隔たり」

40

が大きくなって、いかにも古く感じられるようになってしまうためです。

ところが保育においては、その「最先端の科学技術」にあたるような客観的な基準が存在しません。子どもの学びや経験は社会文化的な特質を有しているからです。保育における質は、複雑で社会的な価値観に依存していて、多様で主観的な多視点からとらえられるものなのです。

たとえば、1月の寒い日、ある子が園庭に張っていた氷を見つけ、その氷の上でコマを回そうと室内に氷のかたまりを持ち込む様子を、保育者が「お！おもしろいことをはじめた」と見守っていたとします。そうした保育の「質」をどう評価するかは、なかなか複雑です。発想はおもしろい、しかし室内に氷はどうか……などと気になる保育者もいるでしょう。だからといって、状況をよく知らない外の人間の勝手な基準で、この保育は質がいいとか悪いなどと判定することはできないはずです。保育を評価するには、当事者である子どもの意図と保育者の思い、その場で共有されている価値観をふまえて、その出来事をふり返る中から、なんらかの意味を見出していく作業が欠かせないからです。

ここで出てきた概念が、意味生成（meaning making）というものでした。キーワードは3つあります。具体的な描写・対話・省察です。子どもが経験した生活の文脈を具体的に描写し、同僚、保護者、子どもなどの当事者間の対話を通してふり返りながら、次の保育に向けて意味を生成します。そのサイクルの中心にあるのが、記録なのです。

❸ 記録はみんなでいっしょにつくるもの

ところで記録に関して、保育者さんから聞かれる"あるある"の一つに、「話すのは得意だけど、書くのは苦手」というのがあります。これは日々の保育を整理して文章化するのが不得意だということだけではないように思います。せっかく書いても他者と共有されないために意欲がわかないということが実は大きいのではないでしょうか。

「日々の記録？ 印鑑押されるだけでロクに読んでもらえてないし」

「園内研修用の記録？ 結局、話が横道に逸れるじゃない」

「要録？ どうせ小学校の先生読んでないでしょ」

　書いてもちゃんと読んでもらえない。そりゃ、いっちょ書いてやるかとは思えませんよね。受け止めてくれる「あて先」は重要です。だって、目の前に聞き手がいるときには、あれだけ豊かに話せるじゃありませんか。

　先に書いたように、記録は、描写・対話・省察のサイクルの中心にあるものです。記録は、書いた人が一人で仕上げていく個人の作品ではありません。いろんな人が手を加えていくことでどんどん味わい深くなっていく、いつでも未完成の共同作品なのです。

　お互いに材料を提供し合って、みんなで調理をする。そういった気持ちで、気楽に書くことからはじめればいいと思います。完璧な記録（高級食材）が、対話と省察を豊かにするともかぎりません。粗い記録（よくわからない食材）が、対話と省察を促し、思わぬ発見（新しい料理）をもたらすこともあるのです。

❹ カギは日常的な対話

　記録が意味をもつプロセスに会話と対話があります。ここでは、会話をインフォーマルで気楽なもの、対話をフォーマルでまじめなものとしておきましょう。

　たとえば本書で紹介している丸亀ひまわり保育園のラーニングストーリーのとりくみには、3段階の会話・対話があります。

　第1に、**写真を扱うプロセス**です。写真を撮るときの「あー、ごめん、ちょっといま手が離せない。ここいい場面だから写真撮っといて」といった会話。写真を選ぶときの「最近のこの子の育ちってさ……」といった対話。

　第2に、**コメントを書くプロセス**です。ページにはめ込んだ写真にコメントをつけるときの「これってさ、どういうふうに書いたら伝わるかな」「こういうふうに書いたんだけどどう思う？」といった会話。そして、「このコメントって、先月からつながってますよね。この子のいいところが伸びていったのは、

解説2　記録は書いたら終わりじゃない

○○だからかな」といったように、保育を省察するきっかけになる対話。

第3に、**保護者に渡すとき、渡したあと**です。保護者に渡すとき、「今月はどんな写真？」というのをきっかけにはじまる会話。家庭で、「こんなことがあったんやねぇ」と家族でする会話。保護者がコメントを書いたあと、保育者に「先生、実は最近ね」と相談をもちかける対話。

こうしてみていくとわかるように、会話にしても対話にしても、きっちりとしたまじめな園内研修の中だけで行われるとはかぎりません。ポイントは、「日常的に」です。記録を保育に生かす、と堅苦しく考えすぎると、とかく対話（ダイアローグ）にこだわってしまいます。しかし、お見合いの席で、「あとは、若い者お二人で……」と言われたあとに話が続かないのと同じで、いざ構えてしまうと場がしらけてしまうことはよくあります。むしろ、気楽な会話、まじめな対話の両面から、お互いの子どもの見方がにじみ出てくるものです。

気楽な会話をしているうちに気づけば対話になっている。そんな感じで、継続していけば、おのずと記録が意味をもちはじめることでしょう。

保育者同士で相談すると書きやすくなる

三木凜（メモリー歴2年）

　写真を撮るのですが、カメラ目線や何をしているのかわかりにくい写真が多くあり、ほとんどボツになっていました。他の先生のメモリーを参考にしたり、教えていただいたりしながら作成していくうちに、カメラ目線ではなく、子どもが遊びに熱中している姿や困難に立ち向かっている姿などを撮ることができるようになってきたと思います。また、コメントも写真を見たままの文章ではなく、クラスの保育者同士で相談したり、そのときの場面を思い出しながら書くことで、書きやすくもなり、保護者にも伝わりやすくなると感じました。

2章　ラーニングストーリーをつくる

$$\begin{Bmatrix} \mathbf{4} \\ \text{コメントを書く} \end{Bmatrix}$$

1）完璧なコメントを目指さなくても大丈夫

　写真を選ぶと、続いてコメントづくりがはじまります。さてどんなコメントがいいのかな？

　まずは写真から読み取れることを文章に起こしていくのですが、パソコンを眺めながらぽつぽつ考えます。パソコン操作が得意な人はどんどんすすんでいるようですが、苦手な人はメモを片手に悪戦苦闘。

　連絡帳の記入には慣れているはずですが、視点を変えてのコメントはなかなかむずかしい、というのが実感。「こんな感じでいいですか？」「ほかの人はどんな感じですか？」とお互いに読み合ったりしながら自分のコメントを再度見て訂正したりしていきました。

　でも、実際に家庭との行ったり来たりを重ねていくと、ラーニングストーリーを彩るのは自分のコメントだけではないことに気づきます。ラーニングストーリーは保護者に渡す段階ではまだ「未完成」。保護者のコメントが加わり、それをいろんなタイミングで家族や子どもを支えてくれる人たちが読み、考え、喜び合う。その一連の流れ全部が私たちのラーニングストーリー「メモリー」なのだと気づきました。

　だから、保育者だけで子どもの姿を完璧に理解し、意味づけ、立派なコメントをつけて完成させようとしなくてもいいのです。むしろ保護者と一緒に写真を見ながらあれこれ語り合ったり考え合ったりできるように、あえて余白を残しておくことも大事です。写真や家族のコメント、さまざまな言葉で紙面が構成され、それを共有するプロセスがあることで子どもたちは「愛」を感じられるのです。

2）肯定的に書くってどういうこと？

実際のコメント

すぷーんでぱくり！「こう？」「こっち？」となんどもかくにんしながらがんばっていたよ。ときどきてをつかうこともあるけど、このちょうしでがんばろう！

こんなふうにも書けるね

すぷーんをもって、じょうずにたべられるようになったよ。じぶんでもちかたをかくにんしながら、がんばっていたね。すぷーんでぱくっとたべると、いつもよりおいしくかんじるね♡

子どもを肯定的に見ているつもりでも、実際のコメントを読み返してみると、「てをつかうこともあるけど」などと否定的な表現を使っていることが多いことに気づきました。その子はいま何をしようとしているのかな、何が見えているのかな、どんな気持ちかな、などと想像しながら書くと、表現もよりポジティブになっていきます。

ごろ〜とよくころぶけど、 つかまりだちがしたくて、いろんなところにつかまっているよ！

じぶんでコップをもつのをいやがっていたけど、 りょうてでしっかりとこっぷをささえてのめるようになったね

てにくっつくシールをいやがっていたけれど、 シールのかんしょくをきにしながら、ぺったんとはるたのしさをあじわえるようになったよ

NG
・いやがっていた
・いやがるときもあるけど
・はじめは、ふあんげだった
・はじめは、こわがっていたけど

2章　ラーニングストーリーをつくる

3）連絡帳とは違うのです —— あて先は保護者じゃなくて子ども

　ラーニングストーリーは保護者に向けて「今日は、○○していましたよ」ということを知らせる連絡帳ではありません。この1か月、その子がどんなことに関心をもったか、熱中していたか、挑戦していたかを綴った物語です。あとで本人が「こんな楽しいことをしていたんだ」「こんなむずかしいことに挑戦していたんだ」「こんなことに夢中になっていたんだ」と楽しんで読めるようにと考えて書いていくと、同じ姿でも、コメントはこんなふうに変わります。

連絡帳だと

今日は うるし林に行きました。ひっつき虫を見て、「ないむし〜」と大慌てのさっちゃん。近くにいた大きいクラスのお姉さんが「ひっつき虫だよ〜」と優しく教えてくれて、一安心の様子でした。その後は、怖くなくなってきたようで、1つ1つ上手につまんで取っていました。

メモリーだと

ふくについたひっつきむしをみて「むしむし〜」とおおあわて！だけど、ちかくにいたおねえさんに「ひっつきむしだよ」っておしえてもらってひとあんしん。ひとつひとつつまんで、じょうずにとっていたね。

連絡帳だと

散歩から戻ると友だちが靴を脱ごうとしている姿をじっと見ていたので、自分でしてみるように誘うと、マジックテープをはがそうとしていました。自分でやってみようとする気持ちが芽生えてきましたね。

メモリーだと

さんぽからかえるとじぶんでくつをぬごうとするようになったよ。まじっくてーぷをじょうずにはがせているね。もうすこしでぬげそうだよ。がんばれ〜

連絡帳だと

おやつのバナナを皮ごと食べようとしていましたが、皮があることに気付かせ、むくように促すことで自分でむけるようになってきました。

メモリーだと

> てさきをじょうずにつかって、ばななのかわをじぶんでむけるようになってきたね。むけると、うれしそうにおおきなくちでたべていたね。

先輩保育者が伝えたいこと
・コメントはダラダラと書くのではなく、短い言葉でわかりやすく書く。
・子どもに語りかけるように書く。
・メモリーは子どもに向けてのものだということを覚えておくようにする。

4）泣き顔はNGなの？──「困難に立ち向かう」をめぐって

　ラーニングストーリーをつくるときに、一番むずかしくて悩む視点が「困難に立ち向かう」でした。0・1・2歳の子どもだと、涙が出てしまうけれど、それでもあきらめずにがんばる姿もあります。そういった子どもの姿も保護者に伝えたいと思うのですが、保護者は泣いている子どもの写真を見て、いい気持ちをもたないかもしれません。そうした姿を載せるのはどうなのか、保育者の中で大きな葛藤があったのです。

　でも、写真だけ見てもわからない部分は、コメントでカバーすることができます。どうしてその写真を選んだのか、子どもの育ちをしっかりと伝えることで、保護者の理解も得られるということが、数年がかりの試行錯誤でわかってきました。

解説3　何気ない出来事にひそむ宝物

❶ 忘れちゃもったいない子育ての思い出

「ふうわりあまくてほっぺたがおちそうだった」

　数年前のこと。当時2歳だった息子が食卓でふいに口にしました。「えっ……！」っと絶句する私。「ありがとー」と喜ぶ妻（食事づくりは妻が担当）。父と母の反応の温度差はどこから来たのでしょうか。

　話はさらにその2年前にさかのぼります。

　まだ息子が生後数か月、首が座って間もないころのことです。妻が食事をつくっている間、私は何をするべきか悩んでいました。仕事は家でしたくない。だからといって一人テレビを見るのも気が引ける。結局、落ち着いたのが子どもと遊ぶことでした。

　子どもは好きだし、反応を見るのもオモシロイ。でも、毎日毎日となると、いよいよレパートリーが尽きていきます。そこで選択したのが絵本でした。息子が静かに絵本に向き合ってくれたこともあり、膝に座らせて読み聞かせをすることが定番になりました。息子からたいした反応はありません（と思っていました）。ただただ読み続ける毎日。

　たくさん読むうちに、息子のお気に入りがわかったような気になりました。なんとなく反応が違う気がする、その本を求めているような気がするのです。そう感じた本は、くり返し読みました。『めっきらもっきらどおんどん』はそんな絵本の1つでした。まだ1歳に満たない時期、何度も何度もくり返し読みました。その後はさすがに私も飽きて、『めっきらもっきらどおんどん』は書棚

長谷川摂子作、ふりやなな画、
福音館書店、1985年

の奥でついぞ陽の目を見ることはありませんでした。

さて、冒頭の言葉「ふうわりあまくてほっぺたがおちそうだった」は、『めっきらもっきらどおんどん』の中で、主人公がさんざん遊んで疲れたあと、おもちのなる木を見つけて食べたときにつぶやいたひと言です。いくら一時期くり返し読んだとはいえ、その後1年半以上も見ていなかった絵本のフレーズが出てくるとは……私が絶句したワケがおわかりいただけるでしょう。その夜、久しぶりに『めっきらもっきらどおんどん』をひっぱり出して再度読み聞かせしたことは言うまでもありません。

❷ 乳児ってすごい！——日進月歩の赤ちゃん研究

乳児は有能である——このことは、目覚ましく発展している神経科学、発達心理学などの成果から一般にも広く知られるようになってきました。

まずは、神経科学の知見から。脳の状態を調べる手法が確立されてから、乳児を対象にさまざまな実験が行われています。その中で、乳児の脳が非常に敏感であることが示されました。視覚や聴覚、言語など従来より乳児期の重要性が指摘されていた領域以外にも、仲間関係の力や情動コントロールなど、表立って発達が見えづらい領域においても、０・１・２歳の脳の敏感性が非常に高いことがわかってきています。

続いて、発達心理学の知見から。アリソン・ゴプニックという発達心理学者が、何も考えていないと思われていた乳児が、実は因果関係を理解し、他人に共感し、現実と仮想の区別をつけ、道徳を理解していることを具体的に明らかにしました（『哲学する赤ちゃん』A・ゴプニック著、青木玲訳、亜紀書房、2010年）。

たくさん世話してもらう必要がある赤ちゃんですが、だからといって何もできないのではなく、まわりの大人のあたたかいまなざしを支えに、周囲のモノや人と果敢にかかわり、発見し、思考し、自ら意味をつくり出していく存在なのです。

❸ 記録することで記憶に残り、他者と共有できる

　こんなふうに、いろいろなデータや研究を持ち出されて説明されれば、理屈ではわかったような気になります。しかし、保護者が本当にそれを実感するのは自分の子どもを通してでしょう。では、そうした機会がふんだんにあるかと問われると、ほとんどないと言っていいのではないでしょうか。とくに乳児期は日々を乗り越えるので精一杯ですし、保育園に預けたら日中の様子はあまり知ることができません。

　私が息子の「ふうわり……」のつぶやきを聞いて、理屈では知っていた「赤ちゃんは、耳にした言葉を蓄積している」をリアルに実感することができたのも、たまたま『めっきらもっきら……』をくり返し読まされたおかげで私の頭にも同じフレーズが記憶されていたからにすぎません。一方で妻にはその記憶はなく（料理に専念していたので当然ですが）、息子が自分のつくった料理に舌鼓を打ったと素直に受け取っています。乳児期の子育ての記憶と言えば妻のような状況のほうがふつうで、「とにかくバタバタして大変だった」が先に立って、子どもの日々の経験を冷静にふり返ることができるのはまれなことのように思います。

　逆に言えば、そのふり返りを支えて、自分の子どもが乳児のころこんなにすごかったんだ、と実感できる機会をつくれば、保護者にとってこれほどうれしいことはないでしょう。

　そこでもってこいなのが、ラーニングストーリー。「できる」「できない」で見ないから、「何がそんなにおもしろいのか大人にはイマイチわからないけど、いまはとにかくこのことに夢中になっている」という場面だってどんどん記録されていきます。まさに記録しておかなければ記憶に残らなかったかもしれない日常のひとコマです。そのときは意味はわからなくても、大切に書きとめられ、1冊のファイルに綴られていくことで、あとになって「今日のこの場面は、あのときのあの出来事とつながっていたのね」とわかることも。ラーニングストーリーは保育者と保護者とが同じ目線に立って、乳児のチカラにふれ、喜び合える有効なツールなのです。

5
保護者に渡す

　保護者にはいつ渡すのがいいだろう？　私たちは、わかりやすいところで月の最後の日、保護者のお迎えのときにしました。保育室で担任が「今月のメモリーです」とページを広げ、にこやかにていねいにお話ししながら手渡します。毎日忙しい保護者も、保育者がメモリー片手に声をかけると、この日ばかりは、足と目を止めてくれます。

　保護者にメモリーを渡す場面を見ると、いつも保育者、保護者、子どもの間にとても豊かな時間が流れていることを感じます。保護者に渡すときには、ふだんより落ち着いた場の環境があれば最高ですね。

子どもも一緒にのぞき込んでいます

6
保育に活用する

1）園での保管場所

　0・1・2歳児は各クラスでかごに入れて保管しています。

　ときどき、子どもたちの前でメモリーを開くこともあります。保育者が広げて見ているのを子どもたちが見つけると、メモリーのまわりには、子どもたちの輪ができています。とてもほほえましいですよ。

2）他の保育者のメモリーから学ぶ

　他の保育者がつくったメモリーをそぉっとのぞき見して、写真の撮り方やコメントから学ぶこともあります。

　他の先生の書き方を読ませてもらうととっても参考になります。人の日記を読んでいるようなドキドキ感もたまらない!? もちろん、他のクラスの出来事や子どもの成長を共有し、クラスの枠をこえて連携し合うための貴重な情報源でもあります。

3）次の展開を考える

　子どもたちのメモリーを見直して、先月はどうだったのかなと話し合ったり、今月はこんな姿が見られるだろうと予測をしたり、個々の発達を確認したりして、次にどんな保育をしようかを考えるときにも大活躍をしています。

他の先生とメモリーを交換して勉強！　　三村幸代（メモリー歴1年）

　パソコンが苦手で、みんなのようにかわいらしくレイアウトができないと悩みました。その分、文章から伝わるように工夫したりしました。全体の雰囲気やバランスを考えて構成したいと思っても、どうすればぱっと楽しい雰囲気やキラキラしている様子が伝わるのか、なかなかアイディアがわかないとき、他のクラスの先生がつくったメモリーと交換して読むことで、こういう写真の撮り方やレイアウトの仕方があることを知り、勉強になりました。

4）家庭からのコメントにもヒントが！

　２歳児の夏にメモリーの写真で、プールの中に座ってジョウロや魚のおもちゃで夢中になっている場面を載せた子どもがいました。家庭からのコメントを見ると、「家では顔つけ３秒できる！」と書いてあります。
　園ではそのような姿がないのはなぜだろう。大きい友だちのまねを家のお風呂でしてみたらできたのか？　家のお風呂はプールより狭いから安心なのか？　園にはたくさん子どもがいるから顔をつけるスペースがないのか？
　そこで、幼児の大きいプールに入る機会をつくり、ワニ歩きに誘ってみることにしました。水に慣れたころ、保育者がワニ歩きをしながら顔をつけてみると、「わたしもできるー！　みよってよ！」と見せてくれました。「すごい！」という保育者の声を聞き、近くにいた子どもたちも「みよってよ！」と見せてくれます。保育者にほめられている姿、楽しそうにしている姿を見て、他の子どもたちもどんどんチャレンジするようになりました。
　いままで「まだ２歳児だから」とダイナミックに遊ぶことを控えていましたが、家庭のコメントを見ることで子どもの力を信じて、もっとダイナミックに楽しめる工夫をしていきたいと思いました。

保護者にとってのラーニングストーリー

メモリーをはじめて受け取ったときの保護者の感想

「保育園ではこんなことをしているのですね」
「こんなに成長したんだなー」
「毎月たまっていくのが楽しみ」
「先生たちは大変やろうけれど、親からしたらありがたいわ」
「メモリーを見ながら、子どもが、これみーみー♪ ととてもうれしそうでした」

3章　保護者にとってのラーニングストーリー

1
ご自由にアレンジしてください

　さあ、メモリーという名のバトンは家庭に渡されました。保護者にとって、コメントを書くという作業に慣れないのは保育者と同じ。でも、続けていくうちに、枠をはみだすほどいっぱい書いてくれる家庭、余白も使って自由にアレンジする家庭が増えました。子どもが喜ぶ顔を想像しながら、家族で存分に楽しんでくれているようです。

じいじ・ばあばも、おじさんも……愛されてるね〜

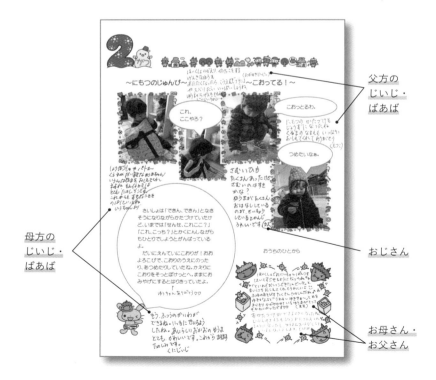

写真に合わせて家庭での様子を補足

園で撮った写真について、お母さんがおうちでの様子を補足

余白におうちでつくった作品がはってあります

写真やイラストをアレンジ ……遊び心がありますね！

写真に子どもの声が加えてあります

テンプレートのイラストもプチアレンジ

1　ご自由にアレンジしてください

たくさんのアレンジありがとうございます！

解説 4 保護者が保育に参加する!?

❶ 保護者参加をめぐるさまざまなお国事情

　2016年3月から半年間、カナダのブリティッシュコロンビア州に滞在しました。この州では、保護者以上にその保育園を熟知している者はいないという考えのもと、保護者が保育の質をチェックする役割を担っているという話を聞いていたので、保育園に訪問した際、保育者に「保護者に保育をチェックされるってやりにくくないですか？」と聞いてみました。すると、拍子抜け。「だれもそんなこと気にしていないし、本気でチェックしている保護者なんていないよ」とのことでした。

Ministry of Healthy Living and Sport, Ministry of Children and Family Development in British Columbia, 2009

　行政のねらいと現場の実態は、どこの国でも乖離しているものですね。現場には現場の論理があって、その中で自分たちに合った保護者参加のカタチが多様に模索され、交流されることで、時代が求める新しい実践が生まれ、広がっていくものなのでしょう。

　それはともかく、保護者が保育に参加することを通して、保育の質の向上を図る。これは、他国でも見られる動向です。同等数の保護者と保育者で構成された協働委員会のもとで教育方針を話し合うノルウェー、保護者、職員、地域のメンバーなどで構成された学校理事会のもとでカリキュラム、教職員の任用、予算の運用などを決定するイギリス、保護者や労働者の所有する社会的協同組合による「街のみんなの保育園」が多いイタリア、保護者自らがイニシアティブを握って保育施設を創設できるしくみが充実しているドイツ、などなど。ニュージーランドでも親が運営するプレイセンターなど、保護者自身が施設の設立や運営に携わっていくしくみをつくることで、保護者参加のカタチを整え、保育を閉じられたものにしない工夫が試みられています。

❷「保護者が参加」より先に「保育園が参加」しよう

この日本でも、保育所保育指針では、保育への保護者の参加を奨励しています。でも、外から「必要だ」とか「やりなさい」と言われたからといって、簡単にできるものではないのも諸外国と同じ。保護者にしてみても、まだそれほど信頼関係のない保育者からいきなり「保育に参加してください」と呼びかけられても、違和感を覚えてしまうかもしれません。

そもそも「〜してください」「園に来てください」というように、保護者を自分の施設に呼び入れようとするのは、「上から目線」と受け取られかねません。まずは保育園のほうから保護者の暮らしの場である地域社会に出向いていき、保護者やまわりの地域の方たちと直に顔を合わせ、仲よくなることが大切です。「保護者が保育園に参加する」よりも、「保育園が地域に参加する」姿勢が、保護者との対等な関係性を生み、ともに子どもを育て、喜び合う基盤となるのではないでしょうか。

❸ 主奏は保護者、伴奏は保育者

子育て支援も同様です。現在日本で行われている子育て支援の多くは、さまざまに成果を上げている一方、保護者が受け身になってしまうなどの課題もあります。たとえば、子育て相談事業で、保育者が親身にアドバイスすればするほど、それは保育者が保育のプロだからできることで私にはできないと受け取ってしまう、といったようなことです。

あくまで子育ての主たる旋律を奏でるのは保護者であり、その音をさらに豊かにし、ともに楽しみながら、音楽にしていくのが伴奏者たる保育者の役割です。「子どもの育ちを保護者とともに喜び合う」。これからの時代の保育そして子育て支援は、主奏と伴奏がときに入れ替わりながら、ともに心地よい音を編み出してつくり上げていくものなのではないでしょうか。

2 ラーニングストーリーは家庭でどう読まれているんだろう？

1）アンケートをとってみました

　家に持ち帰られたラーニングストーリーはどこに保管され、だれがどんなふうに見ているのでしょうか。興味津々とばかりにアンケートをとってみました。ちょっと耳の痛い声も寄せられ、次につながる反省点も見出すことができました。

❶ メモリーはどこに置いてありますか？

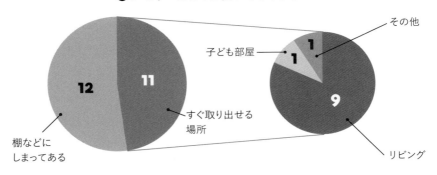

❷ ふだんよく見られますか？

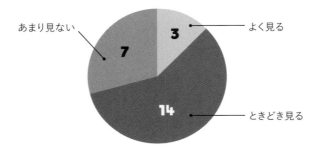

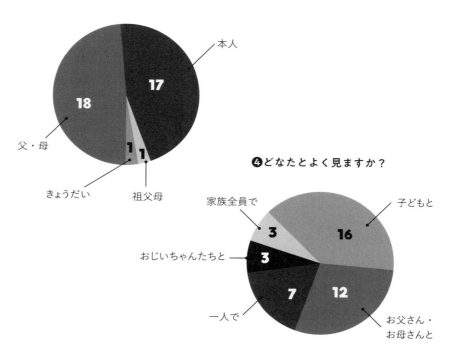

　大事に大事にしまってくれている家庭と、子どもや保護者がいつでも取り出せる場所に置いてある家庭とに分かれました。子どものためのメッセージなので、家庭でも子ども自身が手に取れる場所に置いてほしい。渡すときに、このことをもう一度お伝えしたほうがよかったなぁ、と反省しました。

　実はアンケートの回答には「誤字が気になる」という指摘も。落ち込む保育者に「それだけよく見てくれとるし、楽しみにしてくれとるってことやんか。これからどんどん盛り上げていかないかんな！」と前園長。とはいえ、つくり手側からすると18人のうちの1人分でも、それをもらう保護者や子どもにとってはたった1つの大切なメモリー。誤字や脱字は気になって当たり前です。いつの間にか「つくること」に気が向いてしまい、受け取る側の気持ちを忘れかけていることに気づかせてもらいました。

2）突撃お宅訪問

　ラーニングストーリーは家庭でどのように保管され、活用されているのか、もう少しくわしく探ってみようと、きょうだい（2歳と4歳）ともメモリーがある銭田家におじゃましました。

 メモリーはいつもどこに置いていますか？

リビングの棚の上に置いています

 どんなふうに見ていますか？

きょうだいで仲よく見たり……

お父さんといっしょに見たりしています

メモリーがつくるゆったりとした時間

　メモリーを持って帰った日はまず、弟のメモリーから見ます。できるようになったことなどがあると、姉が「すごいね〜」と弟をほめヨシヨシしたり拍手をしたりする姿にほっこりします。弟のメモリーを見ると姉は自分が小さいころのことを聞きたがり、「かわいかった？」と聞くので、「かわいかったよ」と伝え、小さいころをふり返ることもあります。

　次に姉のメモリーを見ます。姉はメモリーを見ながらそのときの様子をくわしく話してくれます。それをニコニコしながら聞く弟。いつもバタバタな毎日ですが、メモリーを持って帰った日はゆっくりとした時間を親子で過ごすことができます。

　父親は勤務の都合でなかなか子どもとゆっくりとした時間が過ごせず、保育園での様子など、気になるけど聞けないことがあります。でも、メモリーを通して保育園での様子や、最近子どもが夢中になっていることなどを知ることができ、子どもの成長を喜んだり、子どもとの会話のきっかけづくりとなったりしているようです。

　姉が入園したばかりのころ、登園時切ない表情だったので心配でしたが、メモリーでは楽しそうな表情をしていてうれしかったことを覚えています。毎月メモリーをめくるたびに、明るく楽しそうな表情に変わっていく様子も見ることができました。

　メモリーを通して、私自身ゆとりのないときやイライラして叱ってしまったときなど気持ちをリセットできたり、かかわり方など反省したりすることが多々あります。ついついできないこと、できていないことが目についてしまいますが、こんなに成長してるじゃないかと確認したり、前向きに子育てをしていこうと思えるようになっています。

銭田愛（保護者）

3
ラーニングストーリーは子育てに影響する!?

　ラーニングストーリーのとりくみを通じて、保護者からさまざまな声が寄せられました。ここでは、「家族の会話が増えた！」「お母さんとお父さん、それぞれの反応」「家庭で子どもが主人公に！」「０〜２歳で子どもの見方が変化する？」の４つのテーマにわけてご紹介します。

1）家族の会話が増えた！

3　ラーニングストーリーは子育てに影響する!?

保護者の声

0歳児の父親

　父、母、本人でメモリーを見て、「こんなことができるの?」と子どもに話しかけながら見ています。子どもも言葉にはなってないですが、メモリーを見ながら何かを話してくれている様子です。

　言葉がわからない0歳児に話しかけるお父さん!すてきですね〜

　きょうだいも関心をもって一緒に見ているんですね。ちょっとうらやましいのかな。

1歳児の母親

　本人とは違う幼稚園に通う姉（5歳・年長）が熱心に読んでいます。保育者とどんなことをして、友だちとどのようなかかわりをしているのかがわかることに興奮しています。

2歳児の母親

　子どもと写真を見ながら「こんなことできるん?」と聞いたり、「これはだれ?」「お友だちと一緒に○○したん?」「何つくったん?」と会話している。夫婦でも「こんなんしよんや」と子どもについて話している。

　本人と話しながら、保育園での生活を知ることができたり、夫婦で話題にしたり。保育への理解も深まりそうですね。

67

２）お母さんとお父さん、それぞれの反応

　ラーニングストーリーをやるうちに、子どもの見方や子育てにおけるかかわりが変わったという意見もありました。実は、お母さんとお父さんでラーニングストーリーの受け止め方が違うようなんです。そこで０・１・２歳児クラスの保護者（父34人、母35人）に、下の16項目のうち、よくあてはまるものを５項目まで選んでもらいました。全体の結果をまとめてみたのが下の表です。

データ

アンケート項目	父親 人数（％）	母親 人数（％）
子どもの成長を家族みんなで喜べるようになった	26(76)	28(80)
一緒に遊ぶ時間が増えた	7(20)	0(0)
ほめる機会が増えた	15(44)	17(48)
かわいいと思えるようになった	7(20)	5(14)
できるところ（光っているところ）を見つけられるようになった	13(38)	23(65)
子どもの遊びに興味がもてるようになった	9(26)	8(22)
保育園でやっていることを家でもやってみるようになった	10(29)	25(71)
子どもが自分でできるまで待てる（見守る）ようになった	4(11)	8(22)
子育てを夫婦で協力するようになった	4(11)	1(2)
子どもに対して、「ダメ」など行動を禁止するような言葉が減った	2(5)	1(2)
子どもの話を聞くようになった	10(29)	4(11)
子どもの発達に興味がもてるようになった	11(32)	12(34)
子ども同士のかかわりを大切にするようになった	5(14)	3(8)
家族以外の人たちとかかわる機会が増えた	1(2)	1(2)
子どもと積極的にかかわろうとするようになった	6(17)	2(5)
その他	4(11)	4(11)

3　ラーニングストーリーは子育てに影響する⁉

　お母さんとお父さん、どちらも1番は、「子どもの成長を家族みんなで喜べるようになった」です。やっぱりそれが基本ですよね。

　お母さんの2番目は何かというと、「保育園でやっていることを家でもやってみるようになった」です。ラーニングストーリーに書かれている保育が子育ての参考になったみたいです。

　では、お父さんはというと、「ほめる機会が増えた」「できるところ（光っているところ）を見つけられるようになった」が続きます。子どもの見方に影響があったようです。行動を変える前に、まずは意識から。いずれは子どもとのかかわりにもよい変化が生まれたらいいなと思います。

3）家庭で子どもが主人公に！

次に、ラーニングストーリーにとりくんだ保護者にインタビューしてみました。すると、毎日子ども中心に生活がまわっているようでいて、実際にはなかなか子どもとゆっくり向き合うことができずにいる中、ラーニングストーリーがあることで、家庭でその子が主人公になれることがわかりました。

みんなが注目してくれてうれしい！　それは子ども本人にとってもうれしいことでしょう。

3　ラーニングストーリーは子育てに影響する⁉

インタビュー

　次子を子育て中の保護者からは、以下のような声が聞こえてきました。

　次子の場合は、第一子のころとは違って、子育ては慣れたものです。そんな中で、ラーニングストーリーは見過ごしていた子どもの一面を知ったり、きょうだい同士をつなげるきっかけになっているようです。

> 保育園でしか見られない（まぁ家でもやってるんだろうけど見過ごしてる）真剣な顔、その瞬間をとらえてくれている。

> 二人目になると、仕事でかまってあげられないし、細かいところも見てあげられなくって、やっぱりちょっと雑になってくるので、こういう写真とかで様子が見れて、先生の目線でこんなことができるようになったっていうのを毎月教えてもらえると、それは私がしないといけないことなんですけど、この子を知ることを少し補ってもらえて助かるなって思います。

> ふだんはもう忙しくバタバタとしててね、仕事終わって帰ったら、きょうだいそれぞれの話を聞くのは大変。でも、お兄ちゃんとかが「○○（子どもの名前）こんなんしたん、これなにしよん」とかって感じで、きょうだいも仲よく会話するきっかけになってるかなと思います。

71

4) 0～2歳で子どもの見方が変化する？

　ラーニングストーリーを長く続けたときには、どのような変化が起こるのでしょうか？　ここでは、0～2歳と3年間とりくんだ9名の保護者がラーニングストーリーに書いてきたコメントを分析してみましょう。

分析

　分析の視点は次の5つです。
①行動主義的見方（行動を客観的に見ること）
②能力主義的見方（行動を「できる」「できない」で見ること）
③道徳主義的見方（道徳的に「正しい」「正しくない」で見ること）
④了解主義的見方（行動を自身の解釈を加えて見ること）
⑤共感主義的見方（子どもの気持ちに共感して見ること）

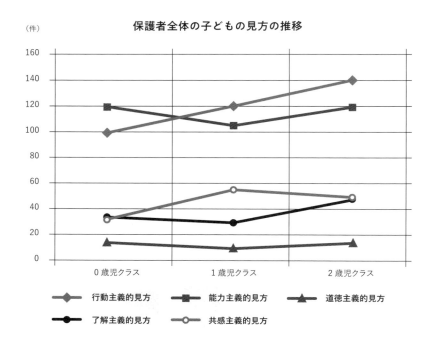

保護者全体の子どもの見方の推移

行動主義的見方が増加

　まず、保護者全体の傾向を見ると、能力主義的見方と行動主義的見方のコメントが突出しています。０歳児クラスのときは、能力主義的見方がもっとも多いですが、その後は行動主義的見方が右肩上がりに増加しています。この結果から何がわかるでしょうか？

　おそらく、０歳児のころは、入園してすぐのこともあって、「うちの子どもはちゃんとできているだろうか？」という不安が大きかったのだと思います。そのため、子どもの写真や保育者のコメントを見て、「ちゃんとできている」と安心したり、「次はこんなこともできるようになるかな」と期待したりするコメントが多くなったのでしょう。

　そして、１歳児、２歳児と行動主義的見方が増加したのは、ラーニングストーリーを続けることで、子どもが見せる何気ない姿やオモシロイ姿の中にも育ちがあることを知り、自分の期待や解釈を入れずに子どもが保育園で見せた行動を素直に受け取ることができるようになったのだと思います。

先にふとんに入っている子にやさしくトントン

3章　保護者にとってのラーニングストーリー

クローズアップ

　ここで、一人の保護者の変化を見てみましょう。第一子の子育てをしているAさん（母）が書いたコメントの分析です。

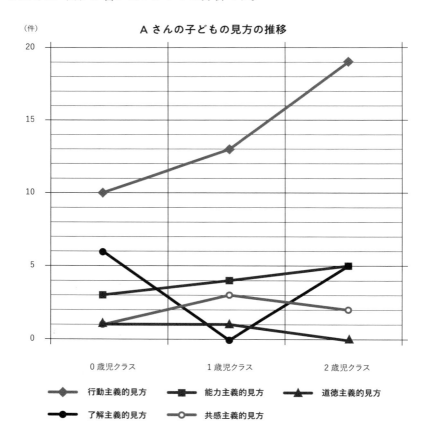

　Aさんは0歳児から2歳児にかけて、行動主義的見方のコメントが増加しました。一方で、0歳児のときに多かった了解主義的見方のコメントが1歳児クラスのときにはなくなっています。
　Aさんは、インタビューで次のように話してくれました。

3　ラーニングストーリーは子育てに影響する!?

- このぐらいの月齢でこのぐらいできるという知識はあったので、実際その月齢でできていないところばっかり気になったりしてたけど、メモリーを渡してくださるときも、個人差が大きいので長い目で見ないとってコメントしながら先生が渡してくださっていたんで、あせらず子育てできたかなと思います。
- 父親はメモリーを月一回見てるうちに、すごいがんばってるんだなというのを感じるらしくって、それからよいところをすごいほめるようになりました。それまでは「なんでできないの」みたいな感じだったけど、「ほめて育てる」っていう感じが増えたかなって、横で見てて思いますね。

まずはありのまま受け止められるように

　おそらく、0歳児のときには事前に持っていた知識から、子どもの行動に解釈を加えてコメントを書くことが多かったのかもしれません。ただ、続けていくうちに父親の反応も変わっていき、次第にあせらずに子育てができるようになっていったのでしょう。そこで、子どものどんな姿もありのままに受け止められるようになったのだと思います。

　とくにはじめて子育てをする保護者は、さまざまな情報が気になるものです。その情報から、自分の子どもはどうなのかなと思い悩むこともしばしばあるでしょう。ラーニングストーリーは、そういった情報に流されず、自分の子どものありのままの姿を肯定的に受け止められるようにしてくれるのかもしれません。

　Aさんのコメントは、2歳児クラスで了解主義的見方のものが再び増えています。0歳児クラスのときは、一般的な子どもの発達の情報から子どもの姿を解釈することが多くみられました。しかし、2歳児クラスの解釈は、一般的な発達の情報ではなく、自分の子どもが保育園で歩んできた情報から、解釈を加えたものになりました。

　0〜2歳とラーニングストーリーを続けていくことで、子どもの見方は変わります。「能力主義的見方が減って、共感主義的見方が増加する」というのが理想にも思えますが、まずは「何気ない姿をありのまま受け止めること」こそが子育てのはじまりかもしれません。

3章　保護者にとってのラーニングストーリー

特集 5　　保護者コメント傑作集

書きとめることで記憶に刻まれる愛おしい瞬間

・トイレで大をしたあとに、トイレに向かってお礼をしています（笑）
・ふれあい動物園、勇気を出してヒヨコにさわれた!!
　でも、豚に囲まれて大泣き。「よおけ（たくさん）はむり〜」だそうです。
・家でも音楽や歌をよく歌うね。おもちゃのチャチャチャを歌うと、スプーンを持って食器をたたく。足で壁をたたく。ガステーブルをリモコンでたたく。いろんな音を楽しんでいます。
・お着替えがんばっています。ズボンをぎゅ〜っとしたときの顔がとってもかわいくて思わず「ぎゅ〜」と抱きしめてしまうママです。
・甘えん坊で母の争奪をお兄ちゃんとするけれど、それもまた、いまだけの母の特権！　幸せです♪　どんどん成長してね。
・いやだって大きな声で泣いたり、最近わがままばかり言うけれど、そんなことも、笑い話になる日が来るんだろうね。母より

こんなところも成長の証し

・おうちの中でいろんなことをしながら遊ぶ時間が長くなったね。横でこそっと聞いているとほんまにかわいいし、おもしろいよ。父より
・キッチン道具でままごとするの大好き。朝ママたちが起きると朝5時から遊んでいた○○ちゃんにお玉でたたかれたことがあったよ。（笑）
・おしゃべりがどんどんじょうずになって、「ぶんぶん」と言っていたりリモコンのことも、お母さんが「ぶんぶんどこ？」と聞いてみると、最近は「リモコンでしょ!!」と言えるようになったね。
・家では、お兄ちゃんたちのケンカの間に入ってくれたりして助かっているよ。

特集5　保護者コメント傑作集

「子どもを肯定的にとらえる」のお手本！

・服がきれいに畳めないとき、「できん！」と怒っているね。それだ
　け真剣なんだね。ありがとう。
・カーニバルの練習走ったり踊ったりノリノリでがんばっていたね。じ
　いじやばあばが来るのも楽しみにしていたね。まさかの棒立ちに大爆
　笑‼　先生に手をひかれても、歩こうとしないのには、笑っちゃいま
　した。
・最近どうしたらお母さんが忙しくても、抱っこしてもらえるか知って
　いて、テーブルの上によいしょよいしょとのぼって立って、お母さん
　を見つめます。こわいーと言って助けを求めます。いろいろ考えてい
　るんだな (^O^)
・なんだか上半身裸の姿がムチムチになってきたね。(^O^) よく食べて
　よく遊んでよく寝ているもんね。なにごとにもたくさん興味をもって
　なんでもする姿は、とっても頼もしいよ。いまはイヤイヤ期だけどし
　たいことは、させてあげたいな。

幸せな子育ての輪の広がり

・ご飯の好き嫌いは手ごわいね。お菓子ばかり食べないで、太らないよ
　うにご飯も食べようね。兄より
・○○ちゃん、僕が帰ると喜んでくれてありがとう。保育園でもがんばっ
　てね。兄より
・美男子だねー　おじいちゃんより
・芸術の秋・おばさまの秋（メモリー裏面に似顔絵を描いてくれました）
・（寝返りの写真に対して）貴様、寝返ったな！　おばさまより

　　　　　すべて平仮名で書かれていた原文を漢字まじりの文にするなど
　　　　　一部読みやすく編集しています。

77

3章　保護者にとってのラーニングストーリー

{　4　保育者へのまなざしにも変化が　}

　ラーニングストーリーは、保護者の保育者に対する見方も変えたようなんです。キーワードは「安心」「信頼」「相談」の3つ。

保育園の生活が見えて安心
　親近感がわいたっていうか、保育園ってこういうところだから子どもは楽しいんだろうなぁと。知らないときはちょっとこわいやないですか、まったく情報がないので。

　第一子の場合は、保護者にとってもはじめての保育園です。どんな保育園でどんな保育者がうちの子どもを預かってくれるのか不安もあります。ラーニングストーリーはその不安を安心に変えてくれます。

保育者の子ども理解に信頼感
　先生はすごく大変なんだと思うんですけど、ここの保育園は、ほんとに子ども一人ひとりのことをよく見てくださっていて、メモリーを通してもう少ししたら子どもが成長しそうみたいなところも見てくれているのが、一人ひとりすごく見てくれていないとわからないところだと思うので、やっぱり先生すごいなぁと。

　ラーニングストーリーのコメントから、一人ひとりの子どもを大切にしてくれていることを実感できます。おのずと、この先生なら任せられると信頼感も生まれます。

4 保育者へのまなざしにも変化が

相談相手としての保育者

やっぱり（担当保育者が）個性をつかんでくれているので、こっちもときどき相談したりとか、そういう意味ではすごいよかったかなと思います。

ラーニングストーリーを通して、保育者が子どものことを理解してくれているのが伝わります。その保育者なら、子育ての相談をしても、うちの子どものことを考えてアドバイスをくれるはずです。

もしもし？　うん！　うん！　わかった、じゃーね！

5
子育て支援としての
ラーニングストーリー

　アンケートやインタビューからは保護者の喜びの声がたくさん聞こえてきました。丸亀ひまわり保育園でとりくんでいるラーニングストーリーは、保育の質の向上だけではなく、保護者に対する子育て支援にもなっていると言えると思います。

　なぜ、それが可能になったのでしょうか。

　ラーニングストーリーは、ただ保育を可視化して保護者に伝えるだけのツールではありません。そこで生まれる「対話」が、保護者にとっても重要な意味をもっていたのです。

　子育てをはじめたばかりのころ、忙しい毎日の中で子どもの話が十分に家庭でできるかというと意外とむずかしいものです。そんなとき、子どもの育ちを伝え、家族の子育てを肯定するラーニングストーリーは、家族の対話を生む媒体となります。

「私はいつも怒ってばかりなのに、この子はこんなにがんばってる」

「私が知らない間にこんなことができるようになってたなんて」

「さすがオレの子、やるな！」

　そんなふうに、心の中で喜んだり、ときにはこっそり反省したりして、思わず対話が生まれ、家族みんなで子どもの育ちを喜び合うことができるようになるのです。

　また、保育者との「対話」もラーニングストーリーによって生み出されます。ラーニングストーリーを見た保護者は、保育者が自分の子どもの育ちを

ていねいに読み取り、子どものためにコメントをしてくれていることを実感します。そして、保育者は自分の子どもの理解者であり、子育てをともにしてくれている存在であることがわかり、安心し、信頼し、相談したくなる相手になるのです。

　ラーニングストーリーは、家族の間で、保育者との間で、子どもの育ちの喜び合いの輪を広げることを可能にしてくれます。その輪の中心に子どもがいること、それこそがもっとも大切な子育て支援になっていると考えられるでしょう。

これはぼくのしごと

3章　保護者にとってのラーニングストーリー

解説 5　　子どもに映る現代の子育て

❶ 休みの日にどこ行った？

　このところ、保育園、幼稚園、こども園で子どもたちに「休みの日にどこに行ったの？」とたずねると、次の返事が多くなりました。

　「イオン行って遊んだ」

　保護者の立場になれば、一度に複数の用事が事足りるため、たしかに便利なことは否めません。しかし、「外で元気に遊ぶ子ども」が理想だと思っている大人にとっては、ちょっと残念に思うこともあるでしょう。ショッピングモールじゃなくて、公園に行って、思う存分体を動かして遊んでほしいと願う気持ちもわかります。

　こういった動向は日本にかぎったことではないようです。保護者の労働時間の長時間化、共働き世帯の増加にともない、子どもと会話をする主な時間はショッピングモールに向かう車中であるという海外の調査もあります。時間がない中で利便性を追求する世の中において、家族関係が以前にくらべていくぶん変質することはやむをえない部分もあります。

　ここで、家族が会話する場所は食卓がよい、車中はよくないと杓子定規に考えると、子育て支援を行う上で無理が生じてしまいます。仮に車中で時間が短いとしても、重要なのは会話の内容であると柔軟的にとらえてみてはいかがでしょうか。

　家族の会話の内容を充実させること、それは子どもにとっては自分のことを話して聞いてもらえる時間だと思います。そういうネタの宝庫が保育園であり、伝達する役割を担うのが保育者なのです。そしてラーニングストーリーは、保護者が思わず聞きたくなり、子どもが思わず話したくなるネタを提供するのです。

82

❷ おうちで何をして遊んでる？

　上の写真はある保育園を訪問したとき、3歳の男の子が一人で何かをつぶやきながら板に石を載せていたものです。これはなんでしょうか？
　男の子の言葉が途切れた瞬間をねらって、「何をつくったの？」と聞いてみると、「スマホ」と一言。そして、「ここが電話で、ここがYouTube。それでここがゲーム。でもね、パパのはちょっと違うの。パパのは、ここが電話になってる」と熱心に教えてくれました。

　続いての写真。お祭りごっこをしていた保育園を訪問したときのものです。たこ焼き、焼きそば……「あれ!?」。
　写真の右側にあるものはなんだろう？　子どもに聞いたところ、携帯ゲーム機「DS」だそうです。現代っ子ならではの発想ですが、お祭りごっこの商品になることで、料金を値切ったり、内蔵されているゲームの種類でちょっ

とした言い争いになったり、通常のお祭りごっこではお目にかかれないおもしろさがありました。

　スマホやゲームというと、多くの保育者は眉をひそめるかもしれません。しかし、このDSのようにみんなで楽しむお祭りの商品として取り込むと違ったおもしろさが生まれる場合があります。やはり、遊びは子どもの現在の「関心」から出発してオモシロくなっていくものなのです。

❸ 地域は出会いの宝庫

　ただ、スマホやゲームには万国共通、どこでも遊べる楽しさがある一方で、少し残念に思うこともあります。手元の機械を操作している時間が増えることで、生身の人やモノとの出会い、この地域ならではの遊びにふれる時間が相対的に減ってしまうところです。これはとてももったいないことではないでしょうか。

　丸亀ひまわり保育園は毎日のように散歩に出かけます。近くの公園で子どもたちがどんぐりを集めはじめると、散歩しているおじさんが、「あっちのほうがいっぱいあるよ」と声をかけてくれます。すると今度は別のおばさん（いつも公園を周回している地域の有名人）が、自分が拾ったどんぐりを「どうぞ」とくれたりもします。保護者と子ども、家族同士、地域住民と保育園など、その人々の間でつくられる関係性（豊かな社会資本）は、子どもの発達にも、人々の生活の質にも、地域社会の福祉にも、よい影響をもたらすと言われています。

　ラーニングストーリーにはそんな小さな出来事が大切に記録されています。それを読んだお父さんが「あの公園にはそんなにたくさんどんぐりが落ちているのか」と今度は自分が子どもと出かけていき、またそのおばさんと出会ってあいさつをかわすかもしれません。園も家庭も同じ地域にあるからこそ起こる出会いの連鎖です。ラーニングストーリーは、子どもの社会資本を豊かにする媒体となる可能性を秘めています。

4章

{ ラーニングストーリーで
保育はどう変わったか }

中野綾（メモリー歴1年）

伝わらないもどかしさ

　はじめメモリーの紙面を見たとき、子どもが遊んでいるところを写真に撮ったり、コメントを書いたりするものだと思っていました。でも先輩たちから、遊びの中でも熱中して遊んでいる姿や、できなくてもがんばって挑戦している姿を見つけたときに写真を撮っていくということを教えてもらいました。実際に写真を撮ってみると、もっと真剣にとりくんでいるのに……もっと楽しそうに遊んでいるのに……とうまく伝わらないことに悩みました。どうすればがんばっていることが一番に伝わるんだろうと、角度や顔の表情に注意しながら撮っていくようになりました。

4章　ラーニングストーリーで保育はどう変わったか

1
揺れながらすすむ保育者たち

　前章では、ラーニングストーリーが保護者にとってどんな意味があったのかを見てきました。では、保育者にとってはどうだったのでしょうか。ジグザグの道のりをふり返ってみると、だいたい4つの期にわけられるようです。

1期　悪戦苦闘〜保護者の声を励みに

　メモリーのとりくみをみんなでやってみようと決意したとき、やる気満々の保育者がそこにいました。しかし、いざ写真を撮りはじめると、カメラを取り出すのにも手間取るし、撮れた写真を見ると、「あーあ。なんかずれているなぁ」「もっとじっとしてくれないかなぁ」など、自分がうまく写真を撮れないことを子どものせいにしていた時期もあり、悪戦苦闘の写真撮影でした。

　保護者に渡すとき、コメントが記入されて帰ってきたとき、保護者がひと言声をかけてくれることを喜びにして、次のメモリーづくりの原動力にしていきました。

2期　保護者の期待に応えるべきか否か!?〜コンセプトを思い返す

　メモリーをはじめて1年が過ぎたころ。「保護者はどう感じているんだろう?」と1回目のアンケートをとりました。「とてもいいとりくみだ」という意見が多い中で、「どの写真も下を向いている」「変な顔の写真しかない」という意見もチラホラありました。

　そうなんです。メモリーで大切にしている4つの視点（p28）は、基本的に子どもが集中している瞬間です。そりゃカメラ目線にはなりません。しかし、保護者の期待はカメラ目線。

86

私たちは揺れました。「もう少し顔が写ってるほうがいいのかな？」。でも、そうなるとどうしても子どもがカメラを意識してしまい、ふだんの集中している様子が撮れない。写真だけでなくコメントも、気づけば子どもに向けてではなく、保護者に向けたメッセージに、保護者受けを気にする内容になっていたのです。

そんな悩みを松井先生に相談すると「はじめのコンセプトを思い出して」とのアドバイス。やはり最初の「主役は子ども。子どもの思いがにじみ出るような写真を撮ることを目指す」に立ち返って保護者にていねいに説明、それでも続くつぶやきはスルッと受け流し、顔が写っていようがいまいが、その子が輝く瞬間を撮ることにしたのです。「この写真はどうかな？」と一枚一枚話し合いを重ね、保護者を気にしすぎることなく、4つの視点を大切にすることで、私たち自身の子どもの見方も深まっていきました。

3期　自分たちの視点に自信をもつ 〜監査用の記録だってメモリーを活用

月に一度のメモリーづくりはなかなか大変です。監査用の個人の記録づくりも並行しないといけません。

保育者「メモリーつくるのは楽しいけど、監査記録は憂鬱なんですよねぇ。同じようなことやってるんですけど、楽しさがぜんぜん違う」
園長　「……‼　それなら一緒にすればいいやん！」

ということで、早速、県の担当者に直訴することになりました。

メモリーでは、「写真で記録し、それに対するコメントを入れる」「保護者からの声も記入する」「次のねらいも意識して作成する」ということをしています。これを正式な記録と認めていただけませんか、と熱く語りました。さらに付け加えたのは「この方式だと、保育者の子どもの育ちをとらえる視点が磨かれます。保育者として必要な子どもを理解する視点が身につく記録

なんです」という点です。

　すると、なんと担当者から即OKをいただいたのです。

　とはいえ、メモリーに書いたことをそのままというわけにはいきません。監査用に様式を整えて、文章を堅苦しくして、完成です。メモリーと雰囲気は違いますが、大切にしたい視点は同じです。

メモリーを活用してつくった監査用記録

	5月　（2歳8か月）		園長	主任	担任
ねらい	・衣服の裏返しを自分でする。 ・散歩に行き、草花や生き物に興味をもつ。				
子どもの姿	裏返ったズボンを何度もひっくり返しながら、元に戻そうとしていた。	黒い虫を見つけて、「むし、おった！」と保育者に知らせていた。			
援助・配慮	・保育者が援助しながら、自分でできるようにしていった。 ・一緒に探したりしながら、見つけることができた発見や喜びを共感した。				
保育者の評価	・むずかしくて時間はかかるが最後まであきらめずにがんばっているので、その姿を見守りながら、できたときにはしっかりほめて自信につなげていきたい。 ・花や虫を見つけることがうれしいようなので、これからもさまざまな季節の自然にふれることができるようにしていきたい。	保護者の評価	・服の裏返しはむずかしいけどよくがんばっている。友だちの服もしてあげるようで、感心している。 ・虫は好きだがさわるのはこわいようだ。早く手でさわれるようになればいいと思う。		

88

4期　初心を忘れない～新しい保育者にも伝えていく

　新任保育者がたくさん入ってきました。メモリーも3年目に突入したところで問題発生。いままでかかわっていた保育者はメモリーとは何ぞやがわかっているので、「ハイ、写真撮ってね！」と軽く伝えてしまったのです。4月の写真を見て大慌て、ほとんど使えないものばかりでした。メモリーづくりに慣れてしまい安心してしまっていたのです。メモリーのことをしっかり伝えなければと思いました。コメントもまたまた保護者向けになってきていることにも気づきました。メモリーにかかわる保育者は毎年変わるので、考え方を次にしっかり伝えていくことが大切だと思いました。

　メモリーは子どもを見る目を育てることや子どもの育ちに気づき、保育内容が変わっていくこと、そして保育者間で対話が生まれ、保育者集団がつくられることにつながっています。同時に、保護者の子育てに対する考え方にも変化が生まれます。メモリーを使って保護者との信頼関係を築き、これからも子育てをともに楽しんでいきたいと思っています。

わからないことと向き合い続ける

　わからないことだらけだけど、とにかくはじめてみよう、と走り出した私たち。見えないけれどいい効果が出ている、とは思います。でも、ホントにラーニングストーリーってこれでいいの？　その思いはずっとついてまわっています。「わからないことと向き合いながら、"メモリーのコンセプトって？"とふり返る」はこの先もずっと続いていくことなのかもしれません。子どもにとってこのメモリーがどんなものになるのか、いまはまだわからないのと同じように……。

4章　ラーニングストーリーで保育はどう変わったか

2
ラーニングストーリーとともに育つ私

　ラーニングストーリーにとりくみ、保育者集団としても成長を重ねてきた5年。今度は保育者一人ひとりに「私のメモリー物語」を綴ってもらいました。子どもたちと同様、新しいとりくみを通して何を感じ、どう学んでいくかは人それぞれ。経験年数やメモリーにとりくんだ年数によっても違いが見える3つの物語をご紹介します。

1）メモリーを渡す日が楽しみに

近藤愛里
（メモリー歴3年・
保育経験年数4年）

　1年目のときは、メモリーがどんなものか理解できていませんでした。相持ちの保育者から話を聞きましたが、最初は写真を撮るのがむずかしく、保育者目線の写真ばかりでした。「子どもの目線に沿って写真を撮ること」とアドバイスをもらい、姿勢を低くして少しずつ子どもの目線に合わせて写真が撮れるようになりました。

　コメントの内容は、保護者に伝えたいことや、保育者の思い、年齢に応じた発達過程をわかりやすく書いていくこととアドバイスをもらいましたが、最初はむずかしく大変でした。

　2年目になると、メモリーをつくるのにも少しずつ慣れ、写真も子ども主体で撮れるようになりました。また保護者の方に喜んでもらうため、どのように渡すべきなのかと思うようになりました。一つひとつの写真を保護者の方と一緒に見て、「この場面は、こんなことがあって」と話すように心がけました。

90

3年目では、1年目の保育者と相持ちになり、いままで自分が経験したことやアドバイスをもらったことを伝えられるようになりました。全部の写真を入れたくて写真を厳選するのがむずかしくなりましたが、より子どものことを考えて、輝いているところや、その子が大きくなったときに見てもらいたい写真を載せるようにしました。また、メモリーを渡す日は、保護者とのコミュニケーションが楽しみになってきました。

　保育をする上で、すべて保育者が援助するのではなくて、子どもが自分でがんばってできる環境づくりが大切だとわかり、見守ることを心がけるようになりました。子どもたちがメモリーを大きくなったときに見返せるように楽しめる工夫もするようになりました。

写真や文だけではなく、保護者とのコミュニケーションも含めてすべてがラーニングストーリー

2）自分の成長に気づいた瞬間

飴野亜美
（メモリー歴1年・
保育経験年数12年）

　2歳児を担当した1年間、メモリー作成に携わりました。新任の先生とのはじめてのメモリー作成は、意思疎通のむずかしさを感じながらも、新鮮で楽しくとりくむことができました。そんな1年間、自分の中でいくつかの変化がありました。

　まず1つ目は、メモリーを通して保護者との子ども理解が深まったことです。日々の会話が増え、子どもの姿を共有することで保護者との信頼関係も、より密なものになっていったように思います。

　2つ目は、写真として残すことで、他の保育者と子どもの姿を明確に共有し、次のねらいも具体的に考えることができるようになったということです。写真を残すことで過去をふり返り、「前はこうだったけれど、いまはこんなにも成長した」と保育者間で感動し合ったこともありました。

　3つ目は、子どものがんばっている姿、輝いている場面を積極的に見つめるようになったことです。とくにこの3つ目に関してはうれしいエピソードがあります。
　3歳児クラスに持ち上がった4月のことでした。ロッカーの前で一生懸命着替えをしている子どもたちを見て「あっがんばっている！　写真を撮らないと！」とカメラを取り出そうとしました。しかし、当時メモリーは3歳児以上はなかったので、仕方なくカメラをポケットにしまったということがありました。その後も何度か子どものがんばっている姿を見つけては、カメラを構えようとすることがありました。そのとき私は、一年間で子どものできないところよりも先によいところを自然と見つけて、ポジティブな視点で保育することができるようになっているんだと感じました。

2　ラーニングストーリーとともに育つ私

　当時の私は成長している自分を実感でき、メモリーを1年間だけでしたが、つくることができて本当によかったと思いました。作成中、ゆきづまることもありましたが、それ以上に保育者としてすばらしい経験ができ、いまでもそれは生かされています。
　今後メモリーがさらに重要性をもち、内容を充実・発展させながら、私たち自身もメモリーとともに成長していけたらと思っています。

以前より、子どものよいところが目に入るようになったと実感
自然とスマホに手がのびます

4章　ラーニングストーリーで保育はどう変わったか

3）「困難に立ち向かう」のとらえ方を深める

新田光里
（メモリー歴 5 年・
保育経験年数 13 年）

1年目　とにかく写真を撮ってみる！
（0歳児ちゅうりっぷ組にて）

　松井先生にニュージーランドのラーニングストーリーを見せていただいたものの、イメージがわかず、相持ちの先生と机をはさんでどんな場面を撮ればいいのかを話し合う日々が続きました。

　まず子どもを一人決め、「こんな場面があった！」「あんな場面があった！」と話し合いながら、「とにかく写真を撮ってみよう！」となり、子どもの様子から熱中しているところを中心にカメラを構える日々が続きました。

　しかし、まだ慣れていないこともあり、いい場面を撮り損なったり、あせりすぎて指が映り込むミスをくり返したりしてしまいました。その上、当時の私はガラケーだったこともあり、シャッタースピードが子どもの動きについて行かず、手ブレ、ピンボケを連発し、くやしい思いをたくさんしました。

　それでも写真を撮り続けていくうちに、いままで何気なく見ていた子どもの姿を「この子はこの遊びのどこにおもしろさを感じているんだろう？」「いま何を感じているのかな？」と考えるようになりました。乳児が手をパタパタしている様子を見ても、単なる仕草としてではなく、発達の現れとしてみることができました。

　また、同じ写真でも、保育者によってとらえ方が違うことも大きな発見でした。「次は子どもたちがどんな姿を見せてくれるのだろう？」「どんな場面を撮ろうかな？」と話すうちに共通理解も深まり、いままで以上に保育に対する意欲がわいてきたように感じます。

　その一方で葛藤もありました。

　熱中しているところ、遊びに夢中になっているところはたくさん撮れるし、

メモリーはつくりやすいのに、「困難に立ち向かっている場面」はなかなか載せられないのです。「苦情がくるのではないか？」「意地悪な先生だと思われるのではないか？」という不安がブレーキになっていました。撮影した写真を見て、「泣きながらもこんなにがんばってズボンを履こうとしているのに、この表情を見てほしい！」と思う自分と、「泣かせてまで子どもにさせているのかと思われるんじゃないか」と弱気になる自分がいて、結局載せることを見送った写真がたくさんありました。

2年目　シャッターチャンスをつくるぞ！
（1歳児たんぽぽ組にて）

　スマホデビューをし、スムーズなシャッターに大喜びしつつ、今年度もメモリーをがんばろうとはりきりました。新任保育者との相持ちだったため、2人で相談しながら私がクラスをひっぱっていかなければというプレッシャーがありました。

　そんな中、私が写真を撮ることに夢中になっている間に、新任保育者の目の前でまさかのかみつきが‼　どうすれば子どもをケガさせずに、思い通りの写真が撮れるのだろうと悶々としました。

　そのうち他のクラスがどんどん完成させていきます。ますます気持ちはあせり、「とにかく月末までに間に合わせなくては……。時間よ止まれ！」と念じながら日々パソコンとにらめっこをしていました。

　そんな気持ちでつくったメモリー。楽しかったというより、できあがった安心感のほうが強かったのですが、子どもたちは大喜びで見せ合ったり、撮影時の様子を話したりして大盛り上がりでした。

　そこで前年度のものから改めて1ページずつ見返してみました。そしてつくったときの気持ちを思い出しながら、「私自身が楽しんでつくらなければ、それを見る子どもも保護者も楽しくないのでは？」「思い通りの写真が撮れないのは、シャッターチャンスが増えるような環境構成や、遊びが提供できていないだけではないか？」と思いはじめました。

　そこで新任保育者とパソコンの画面を見つめながら、子どもについて、環境や遊びの内容について、「子どもがつかまり立ちをはじめたけど、いまの保育室だとつかまれるところが少ないんじゃないか」「目線が変わるから、おもちゃの置く位置を変えようか」など何日にもわたって話し合い、子どもの育ちを読み取り、それに合わせて環境の工夫をするようになりました。

　一方、子どもたちはといえば、いつしかカメラ目線をするようになってし

2 ラーニングストーリーとともに育つ私

まいました。「あっ、いい表情だな」と思ってカメラを構えるも、すぐに表情を変え、カメラ目線に……何度となく「私のことは気にせずに遊びを続けて〜」と思う日々が過ぎ、ある日ふと、「いい写真を撮ろうとするあまりに撮影者が目立ちすぎているのでは？」「子どもが意識しないように遠くからねらってみよう！」と思い立ちカメラをズームモードにしました。しかし、今度は画質が荒くなりションボリ……。

今日のお迎えはお父さん
話がはずんで保育者が知らない情報を教えてもらえることも

4章　ラーニングストーリーで保育はどう変わったか

|3年目|　保護者の期待との狭間で……
　　　　（2歳児すずらん組にて）

　3年目になり、「メモリーチャンス」を見出せなくなることが増えてきました。せっかく撮った写真も、過去に同じ題材があったからと見送ったり、がんばったりしている姿より、じょうずにできて喜んでいる姿の写真のほうを選ぶ傾向になっていました。いま思えば、メモリーの趣旨から外れ、保護者に対して、子どもができるようになったことをアピールするようになっていたと思います。自分の中で、保護者は自分たちが思っているほど楽しみにしていないのではないか？　私たちが毎月どんな思いでつくっているか、温度差があるように感じはじめていました。「メモリースランプ」です。
　あるときパソコンとにらめっこをしていると、子どもたちがのぞき込んで

98

2　ラーニングストーリーとともに育つ私

きました。そして「センセ、メモリーつくってくれよん？　だったらこの前トンボつかまえたやつ載せてほしい！」「センセ、この写真よりこっちのほうがかわいいけん、これがええわ！」と、子どもたちから励ましの声が。

また、同じ時期に行われた保護者に対するアンケートで、「毎月楽しみにしている」といったうれしい回答が寄せられました。私一人が勝手に「メモリースランプ」に陥っていただけで、子どもも保護者も毎月楽しみにしてくれている。何より保護者のためのメモリーではなく子どものためのものだ！いままで何を気にしていたのだろう……と、改めて思い返すことの多い一年でした。

4年目　対話を重ねてつくる
（0歳児ちゅうりっぷ組にて）

2回目の0歳児。新任保育者2人を含む5人態勢となりました。年度はじめの会議で、毎月15日に子どもたちの様子について話し合い、メモリーの題材について決めることにしました。最初は聞いているだけだった新任の先生も、月を重ねるごとに「私も写真を撮ってみました」「こんな姿が見られました」などと徐々に会話に参加するようになり、慣れないながらもスマホを手に「メモリーチャンス」をねらう姿に、みんなでつくり上げているんだと実感しました。また、複数担任になれば必ず生まれる見解の違いや、子どもに対する理解のずれも、話し合いや、持ち寄る写真を見ることで共通理解につながったり、お互いの見解を尊重したりするようになりました。お互いの考え方がわかることで信頼し合い、安心感をもって仕事をすることができたと思います。

また、自分の言葉で保護者に伝えられない月齢だからこそ、あんなことも伝えたい、こんなことも伝えたい……お互いに写真を交換し、選ぶうちに私たち自身の気持ちが高まり、枚数が4枚、6枚……と増えてしまうことも多

々ありました。写真だけでなく保育者のコメントや受け渡しのときの説明を工夫すれば、写真は少なくても伝わるのに、つくるうちに無意識に保護者向けのメモリーになってしまうことは反省点として毎年あがっています。

5年目　子どもの見方を問い直す
（1歳児たんぽぽ組にて）

　2回目の1歳児。今年の目標はいままで避けがちだった「困難に立ち向かっている姿を取り入れる」ということでした。数年前に反省したにもかかわらず、自分の中ではハードルが高く、別のテーマに逃げ気味だった「困難」。自分が小さいときの写真を見返しても、泣きながら何かをがんばっている姿はあまり残っていません。笑顔のカメラ目線の写真が多い中で、「泣きながらも何かを一生懸命にがんばる姿を残すことは、子どもたちにとって、大きくなって落ち込んだり、くじけそうになったりしたときにきっと大きな原動力になるはずだ！」「この思いをしっかり伝えれば保護者もきっと理解してくれる！」と思い直し、積極的に取り入れるようにしました。

　ドキドキのメモリー渡し日。写真を見せると、お母さんから「家では泣いたら終わりやけど、泣いてでもちゃんとできよんなぁ。お父さんにも見せないかんな。それで、手伝うばっかりせんと、応援してって言わないかんな」といった話が聞かれました。メモリーを通して園と家庭が連携し、その結果が子どもの育ちにつながる話として、とても印象的な瞬間でした。

　また、日々の保育の中で、シャッターチャンスが少ないと感じるときは「……ということは、子どもが夢中になれることが提供できていないんだ」と気づくきっかけになり、保育内容や環境などを見直すことができました。話し合い実践したことがうまくいかないこともありましたが、それに気づくきっかけもメモリーをつくる中で生まれるちょっとした会話でした。

3
ラーニングストーリーとともに
ふくらむ遊び

　次に、ラーニングストーリーによって保育の中味がどう変わっていったのかに視点をうつします。ラーニングストーリーにとりくんでからというもの、子どもの気持ちになって考えることがふつうになってきました。すると遊びにも変化が……。

丸める達人

　広告をクルクル丸めることに夢中になり、はじめは太かったけどコツをつかんで細く丸めるようになったけいとくん。そんなある日、じゅうたんを丸めている保育者を見て「けいとがしてあげる。だって丸めるのじょうずやし！」と得意気な様子で丸めてくれました。すると、他の友だちも丸めることに興味をもち、広告で剣やステッキなどをつくり、デコレーションをして遊ぶ姿が見られるようになりました。

3　ラーニングストーリーとともにふくらむ遊び

その場所が好きな理由

　毎日夕方になるといつも決まった場所にいたせいやくん。はじめはその場所が好きなんだ〜と思っていましたが、よく見ているとなんと自分の影で遊ぶ姿が！夕方、その場所に行くと影が出現することを発見し、楽しんでいたひとコマです。自分が動くと影も動く……それを楽しむ姿がほほえましかったです。

　後日、朝にも影ができることに気づいて、夕方とは反対の窓側で遊ぶ姿も見られるようになったり、散歩中も影に気づいたりするようになりました。保育者が手でチョウチョなどの影をつくったりして影遊びにも発展し、他の友だちも影の存在に気づくようになりました。

4章 ラーニングストーリーで保育はどう変わったか

どんどんふくらむイメージ

　毎日行く公園で見つけた竹やぶに向かって「だれかいませんか？」と言う子どもたち。みづきちゃんは自分のイメージを言葉にして「かぐやちゃ〜ん」と、恐る恐る竹やぶに近づいたり、まわりの様子をうかがったり、空を見上げたりしていました。いろんなイメージがふくらむ喜びを味わうことができました。

　春を見つける散歩中、「梅の花、発見！」と一番に友だちに知らせて満足したのか、鬼ごっこをはじめたみづきちゃん。まだ見つけていない友だちに「梅の花どこにあるん？」と聞かれ、我に返ったときのかわいらしいポーズ。

104

何気ない毎日の中で子どもたちはいろんな発見をし、イメージをふくらませていること、公園には保育者が見過ごしてしまいそうな魅力的なものや場所、夢中になれる遊び場がいっぱいあることに気づかされました。

　そんなことをきっかけに、この年の子どもたちの間では、探検ごっこが大流行しました。お城に行くと探検をしたい場所がいっぱい!!　石垣にのぼったり、草むらに入ったり、穴を見つけて掘ったりして楽しみました。その流れからクリスマス会（発表会）では子どもたちと一緒に探検の話を劇にして発表しました。

なんかあった！　今日も何かが起こりそうなお城探検

4
ラーニングストーリーとともに見直す環境・保育内容

　ラーニングストーリーの重要なプロセスの一つが、記録や対話を次の保育につなげていくことです。実は、このことはすでにひまわりではふつうのことになってきています。小さな見直しから楽しい遊びまで、事例も次々出てきました。

「メモリースランプ」からおもちゃの入れ替えを

　メモリーの写真を撮らなきゃ。でも、撮れない……。う〜、「メモリースランプ」に陥ってしまった。その理由はなぜだろうと考えたとき、子どもたちの姿に立ち返りました。

　子どもたちは遊んでいます。たしかに部屋にあるパズルやままごとセットで遊んでいます。しかし、熱中している感じがしません。「そうか、子どもたちはその遊具で遊びたいのではなくて、ただそこにあるから遊んでいるだけなんだ」と気づきました。だから、一見遊んでいるように見えても、「メモリーチャンス」がなかったのです。

　そのことをきっかけに、保育室にあった遊具を見直し、子どもたちが、「ただ遊んでいる」モノを部屋から除き、別のモノに入れ替えました。

　すると、「メモリースランプ」は見事に解消。メモリーが保育環境の見直しにつながったのでした。

子どもの姿に立ち返る

ロッカーの高さを変えようか？

　０歳児の保育室では、月齢で一律にロッカーの高さを決めていました。でも、メモリーをはじめてから、身の回りのことにやる気をもつ時期が同じ月齢でも一人ひとり異なることに気づきました。そこで、やる気をもった子どものロッカーの高さを変えて子どもがとりくみやすいようにしました。

元のロッカー：月齢順に機械的に並べていた

見直し後のロッカー：子どもの姿に合わせて変更

4章　ラーニングストーリーで保育はどう変わったか

保育者同士でラーニングストーリーを見ながら、
次の保育のアイディアをふくらませます

保護者のコメントから、トンボを部屋に放ってみる！

　一人の女の子がトンボをつかまえている写真をメモリーに載せました。すると保護者から次のコメントがありました。
　「すごい！　トンボさわってるー‼　家では虫を見ると、蚊でさえこわい〜！と言ういろは。保育園ではお友だちと一緒だから、こわいより楽しいんだね」
　あっ、家ではそんな反応なんだ。保育園だと楽しめるなら、もっと楽しい経験させてあげたいな。ということで、トンボをつかまえてきて、部屋に放ってみました！
　「ほらほら、あそこに飛んでるよ」
　トンボに興味津々で楽しむ子どもたち。調子に乗って、次はセミも放ってみると、うるさすぎて、みんなびっくりしてしまいました。ちょっと失敗でした……。

解説6　目に見えるスキル・見えないスキル

❶「見えやすい」の功罪

　第一子の子育ては、だれしもとまどいながら試行錯誤、右往左往するものです。「こんな感じの子育てでいいのかな……」。その不安を打ち消してくれるのが目に見えてわかる発達だったりします。その一方で、不安を駆り立てるのも同じく目に見えてわかる発達（他の子との違いや発達の遅れ）だったりします。子育てってむずかしい。

　目に見える発達にこだわってしまうと、子どもに無理を強いてしまうことが往々にしてあります。何を隠そう、わが家も例外ではありません。母子健康手帳に載っていた発達の目安から首の座りが遅いと思い込んだ奥様（あえて敬称）。「できない」ことを「できる」ようにするためには、練習あるのみ、と少しだけがんばらせてみました。

　おっと危ない。でも、本当はすでに首は座っているからまあいいか（父親談）。それにしたって苦しそうに見えるのは、首が座っていないからではなくて、練習を強いられているからでしょうか。「もうやめてよ～」という声が聞こえてきそうです。

　さて、目に見える発達ももちろん大切ですが、目に見えない発達を読み取ることこそ、保育者のプロたるゆえんだと思います。とくに、乳児のうちは目に見える発達が次々と見られるもの。だからこそ、目に見えない発達を伝える術をもちましょう。

❷ 認知的スキルと非認知的スキル

　近年、子どもが身につけるスキルは、認知的スキルと非認知的スキル（社

会情動的スキル）として提示されることが多くなりました。認知的スキルは、IQ テストで測定されるような言語、論理、記憶、空間把握など脳の機能に由来する力を言い、目に見えるスキルです。一方、非認知的スキルは、好奇心、協調性、忍耐、思いやりなど心の動きに由来する力で、目に見えないスキルです。

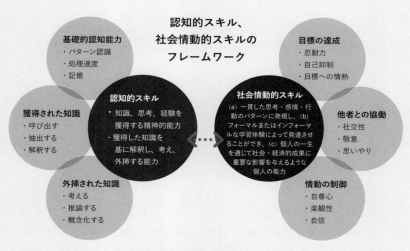

出典：池迫浩子・宮本晃司『家庭、学校、地域社会における社会情動的スキルの育成』ベネッセ教育総合研究所、2015 年

　この２つのスキル。とくに乳幼児期は、非認知的スキルが重要であると言われています。新しい保育所保育指針の解説の中でも、「乳幼児期における自尊心や自己制御、忍耐力といった主に社会情動的側面における育ちが、大人になってからの生活に影響を及ぼすことが明らかとなってきた。これらの知見に基づき、保育所において保育士等や他の子どもたちと関わる経験やそのあり方は、乳幼児期以降も長期にわたって、様々な面で個人ひいては社会全体に大きな影響を与えるものとして、我が国はもとより国際的にもその重要性に対する認識が高まっている」と記されるなど、非認知的スキルの要素がふんだんに盛り込まれているのです。

保育者のみなさんの中には、「そうそう、子どもの育ちって目に見えないものほど大事。そう思って保育してきたのに、保育園はただ子どもを遊ばせているだけ、なんてひどい言われようをされたり。でも、社会もやっとその重要性に気づいてくれたのね」と感じた方も多いかもしれません。実際、非認知的スキルは、就学前施設での保育者たちの実践が成果を上げていたからこそ注目され、すすめられた研究でもあります。

❸ どのスキルが育ちやすいかは社会文化的環境によっていろいろ

ここでニュージーランドの保育施設で見た場面を一つ。1歳児が砂場に座って熱心に遊んでいました。ペタペタと感覚を楽しんでいる様子です。そのうち、近くにあったバケツに砂を入れはじめました。そこに水も入れて、感覚の違いを楽しみはじめました。その刹那、なんとバケツの砂入り水を飲みはじめたのです。

目撃した私は思わず制止しました。すると、保育者からは、「No」とひと言。いわく、「口に入れても問題ない砂を使っているから止めなくていい。子どもの関心を大人がじゃましてはいけない」とのことでした。

解説6　目に見えるスキル・見えないスキル

　これを見習って日本でもなんでもかんでも制止するのはやめましょう、と言いたいわけではありません。日本の常識では、安全管理上、制止すべき場面でしょう。この事例から言いたいことは、非認知的スキルは、社会文化的環境に影響を受けているということです。

　かねてより日本では、協調性や思いやりなどが重視されてきました。そこでは、十分な愛着関係のもとで、乳幼児と応答することにとりくんできた実績があります。一方で、異なる文化圏の保育を見る機会があると、日本の社会文化的な「常識」の中では、たとえば、他の子どもたちから離れて一人でも最後まで粘り強くやり抜いたり、積極的に新しいことに挑戦したりするといった面は育ちにくいかもしれない、などと考えさせられるのです。

❹「認知」と「非認知」はともに育つもの

　では、ようやく陽の目を見た非認知的スキルを育むにはどうしたらいい？とくに育ちにくいスキルについて重点的にとりくみたい……などと考える前に、念のため確認しておきたいことがあります。認知的スキルと非認知的スキル。この2つは別々に育つものではなく、絡み合うように身についていくという点です。

　たとえば、好奇心旺盛で協調性があれば、自然と友だちとオモシロイ遊びにとりくむことが多くなるでしょう。そうなれば、いろんな友だちの発想にふれて深く考えたり、さまざまな工夫をしたりして認知面での経験も増えます。そして、遊びがオモシロくなる過程を友だちと共有することで、達成感を得たり、自尊心が育まれたりして、さらに非認知的側面が育つというしくみです。

　こんなことは保育者にとってみれば当たり前のことかもしれません。でも、なぜあえて確認したかというと、「非認知的スキル」という言葉が脚光をあびると、今度は「非認知的スキル」的な「〇〇力」をあれこれリストアップして、この子はできたか、できないかをチェックする……というようなことをつい

113

4章　ラーニングストーリーで保育はどう変わったか

したくなってしまうからです。そうなると、結局はその中で「何が育っているか目に見えるように説明しなければ」となっていきます。我を忘れて何かに夢中になる時間、心を揺さぶられる出来事、友だちと泣いたり笑ったりする日々の中で育つ「目に見えない」ものが大事だって思っている人でも、知らず知らずのうちに、その逆の「子どもの育ちを断片化して、できる・できないでとらえる狭い見方」に引き寄せられてしまう怖れがあるのです。

❺「練習」よりも「楽しい時間」

　なんだかよくわからない話だな。スキルって横文字がそもそもいやだよね。そんな言葉が聞こえてきそうですね。

　むずかしく考えることはありません。大切なことは、子どもに関心をもってともに楽しく過ごすこと、それに尽きます。第1に、**保護者や保育者、さらには子どもたちの間で十分な愛着関係を形成すること**です。第2に、**応答的なコミュニケーションを豊かにすること**です。非認知的スキルは、「練習したら身につく」ものではなく、「人やモノと楽しくかかわる時間を積み重ねていたら、知らない間に身についていた」というものなのです。

　一人ひとりの子どもの非認知的スキルを育むためには、施設、家庭、地域社会の環境の中での経験を豊かにすることが何より大切です。そのため、保育者と保護者が協力し合いながら、それぞれで子どもがした経験を定期的に報告し合うことの有効性が言われています。

　家庭においては、保護者が子どもと一緒に過ごすことを楽しみながら経験をともにする習慣をつけること。そして、施設では、そういった家庭環境を支えるための情報や支援を保護者に提供すること。家庭と施設でのやりとりが基盤となり、子どもたちの非認知的スキルを育むための環境が整えられるのです。本書で紹介しているラーニングストーリー「メモリー」の実践は、こういった家庭と施設の関係性を乳児のうちから築いていく子育て支援として、評価できるものではないかと思います。

5章

〔　次への一歩　〕

　子どもたち、保育者、保護者が、育ちをともに喜び合う。そんな輪を広げることを目指して、まずは０・１・２歳児クラスでラーニングストーリーをはじめた私たち。次なる課題は「ラーニングストーリーを子どもたち自身の人生の礎にするにはどうしたらよいか」でした。５年間やってきた「メモリー」のノウハウがあれば、人数の多い３・４・５歳でもできるはず。「はじめるならいま！」ととりくみを幼児クラスにも広げること、そして子どもの声を聴く保育へと足を踏み出しました。

5章　次への一歩

{　1　ラーニングストーリーを 3・4・5歳でも　}

1）自分の存在の根幹になることを願って

　ラーニングストーリーには「子ども本人に向けてのメッセージを書く」ことにこだわってきた私たち。それって子どもが字を読めるようになったときはじめて本領発揮ですよね。子どもたちはどのように読んでくれるでしょうか。いろいろ想像してみるのですが……

・お母さん・お父さんたちと先生の愛情が伝わってくれるかしら？
・それが癒やしや自信につながってくれたらどんなにうれしいことか！
・全部ポジティブメッセージだから、子ども同士、見せ合うことで、お互いのよい面を受け止めて相手を認め合えるのでは？

　何をどう考えてもよいことばかりしか浮かびません。
　そしていつか大人になっても、子どものときどんなにみんなに愛されて育ったか、どんなに友だちと心が通い合っていたかを思い出してほしい。大人になって、自分の存在の自信の根幹になってくれたら。メモリーがその役割を果たしてくれたら。
　そんな壮大な思いを抱いて、3歳以上児も一人ひとりのラーニングストーリー「メモリー」をつくることにしたのです。

116

2）子どもがいつでも手に取れるように

　3・4・5歳児のラーニングストーリーは、写真の撮り方や、本人に向けての双方向からのメッセージというつくり方は0・1・2歳と同じにして、大きく変えたのは保管場所です。常時保育室に置いて、子どもたちがいつでも手に取れるようにしました。もちろん、月に一度家に持ち帰って、家族と一緒に見る機会ももってもらいます。

　①一人で見る、②家族と見る、③保育者と見る、そして④友だちと見る。それぞれにどんな効果をもたらしてくれるのか、今後も注目していきたいと思います。

好きなときに取り出す

友だちと見る

5章 次への一歩

3歳児のメモリー

1　ラーニングストーリーを3・4・5歳でも

4歳児のメモリー

特集6　子どもにとっての　ラーニングストーリーの意味

子どもは自分のラーニングストーリーをどう読んでいるのでしょうか。野口家のらむちゃんの様子を見てみましょう。

野口千恵
（丸亀ひまわり保育園
保育者・保護者）

小さいころ何しよったんかな〜

娘のらむが字が読めるようになったある日のこと、おもむろに本棚からメモリー（0〜2歳児まで）を取り出しペラペラとめくりながら　　の吹き出しの部分（子どもが考えていることを保育者が想像して書いたもの）を一字ずつ読んでいました。「お・そ・と・だ・い・す・きやって。らむってちっさいときから外が好きやったんや〜」「あっ、このときとなりにあやちゃんがおって一緒に遊んだわ〜」などと、自分の小さいころの様子を知り喜んだり、友だちと遊んだ思い出をふり返ったりしていました。

そこで、どうして急にメモリーを見たのかと聞いてみると、「らむが小さいころ何しよったんかな〜？　って見たくなったんや」と言いました。

みんなに見守られている自分

字がスラスラと読めるようになると　　の吹き出し（子どものしゃべった言葉を書いたもの）を読み、先生や母親からのメッセージだけでなく父親や祖母からのメッセージがあることに気づき、「えっ！　ばあちゃんも書いてくれとる〜♪」と喜んでいました。そして吹き出しの形の違いにも気づき、「これとこれは何が違うん？」と聞くので知らせると、「へ〜っ、らむこんなこと言いよったんや〜」と自分の言葉に笑ったり、年度の終わりに担任の先生の写真があるのに気づいて、先生との思い出を話してくれたりもしました。

できる自分もできない自分も

　負けん気の強い娘は、保育園でできなかったことがあると、くやしそうに家でコツコツとがんばる姿がありました。がんばる姿を私に見られたくないらしく（私がガミガミ言うので）、「こっち見んとって」と、一人でがんばっていました。でもメモリーを見るようになり、その中で自分が困難に向かってがんばっている姿やそれを肯定するメッセージを見て、「らむがんばっとるな」「こうやってがんばったきんできるようになったんやなぁ」などと言い、以前より前向きにがんばるようになったなぁと実感しています。

2 子どもの声をしんぶんに

1）もっと子どもの声を聴きたい

　ラーニングストーリーの主な書き手は大人。でも、子どもたちだってさまざまな方法で表現できます。まして年長ならば……。

　そこで、ひまわりさん（年長クラス）では、月に１回、子どもたちと一緒に「しんぶん」をつくってみることにしました。

　保育者がその月に撮りためておいた写真を子どもたちに見せて、しんぶんの記事にしたい遊びを選びます。その遊びについて楽しかったことを話し合い、その声を保育者が文字にします。子どもたちは絵で豊かに表現してくれます。

　しんぶんをつくるときの子どもたち同士の対話と保育者との対話。しんぶんを渡すときの他のクラスの子どもとの対話。しんぶんを掲示したときの保護者との対話。

　そう、このとりくみもキーワードは「対話」なのです。

わいわいしんぶんづくり

完成したら壁にはります

小さい子のクラスには直接配達します

2）おにいちゃん、おねえちゃんがやってきた！

　ひまわりさん、0・1・2歳のクラスにもしんぶんを配達します。
　興味をもってくれるかな？　きんちょーの面持ちのひまわりさん。
　意味がわからず、じーっと眺めて微動だにしない子ども。ちょっと寄ってくる子ども。反応はさまざまです。
　でも、ひまわりさんがいなくなると、興味をもってしんぶんを眺めて、保育者にアピールする子もいるみたいですよ。

3）みて！　こんなことしたんやで

　しんぶんは、保護者にも見てもらいます。ふせんにコメントを書いてはってもらって、子どもたちにも伝えます。自分のしたことを身近な大人に喜んでもらう経験は何ものにも代えがたいはず。

反応があるってうれしい！

「ひまわりしんぶん12月号」……たこ焼きづくり

　このころ廃材を使ってご飯をつくることにはまっていた子どもたち。廃材を使ってたこ焼きをつくって外に持っていき、売ったり食べたりする遊びに発展しました。

　12月はドッジボールの写真もありましたが、子どもたちが話し合い、「たこ焼きのほうがみんな知っとるし楽しそうにしとったけん、そっちがいい！」となり、たこ焼きづくりの写真で新聞をつくることになりました。

できあがったしんぶんを見ながら、本物のたこ焼きをつくりたいという声があがっていたので、おやつの時間にたこ焼きづくりをしました。実際にたこ焼きをつくって食べることができたので大喜びでした。

「ひまわりしんぶん 1月号」……すごろく遊び

　お正月にすごろくをして楽しかった子どもたち。自分たちですごろくをつくったり、園全体に広がる大きなすごろくをつくったりして楽しんでいました。小さなすごろくから大きなすごろくへと遊びがどんどん発展、しんぶんづくりも盛り上がっていきました。

　各部屋の中から廊下・階段も使って、線が保育園全体にどんどんのびていきます。止まったとき何をするのかを考えるのも楽しみ。子どもたちだけでは思いつく数に限りがあり、「わからん」「何したらええん？」と悩みだしました。

　「いろんな人に聞いてみたら？」のひと声に、みんな一斉に職員のところへ散らばっていきました。なんかとっても楽しそう。ひと言もらえるまで先生たちのまわりにはりつき、たくさんのヒントをもらってどんどん紙に書いていき、すごろく枠にはりつけていました。すごろく枠はどんどん広がっていきます。次はおうちの人たちからヒントをもらっていました。

　すごろくは1月ごろ～3月まで長く続きました。線をたどって行くと保育園めぐりができるまでになりました。

すごろくするのも楽しいけど、つくるんも楽しいよ♪

2　子どもの声をしんぶんに

5章 次への一歩

どんどん出てくる、次はこんなことしたい！

　コンセプトは理解し、やってはみたものの、一部の年長さんにはハードルが高いこともあったしんぶんづくり。最初は「しんぶんって何？」という感じでしたが、毎月つくっていくうちにつくり方もわかり、みんなに見てほしいという気持ちも出てくるようになりました。

　「みんなに見てもらうには、どの写真選んだらいいのかな？」「この写真だったら見てくれそう！」など、つくるときに一生懸命考え、出来上がったしんぶんには子どもたちもとても愛着をもっていました。

　しんぶんづくりをすることで、その月に流行った遊びや楽しかった遊びについて話し合うことができ、次はこんなことしてみたい、あんなことしてみたい、という意見もたくさん出てくるようになりました。小さいクラスの子どもたちにとっても、大きい子どもたちはこんな遊びをしているんだと知る機会になっているようです。無理なくできるように試行錯誤しながら、なんとかカタチになりました。続けてみると、興味をもってくれる子どもたち、保護者が増えて対話が豊かに。まさに継続は力なり。

おにいちゃん・おねえちゃんたちの活躍を伝えるしんぶんに釘づけ！

解説 7　子どもの声からはじまる保育

❶ ちょっとオカシイ、でも本質を突くひと言

子「パパ、休みはいつから？」
私「今日が木曜日やろ、明日は？」
子「金曜日」
私「あさっては？」
子「土曜日」
私「うん。じゃけん、あさってから休みやな。しあさっての日曜日も休み」

　　数秒後。

子「パパ、ごあさっては月曜日やな！」
私「……うん、たしかに」
子「ひゃくあさっては何曜日かわからんわ」

　保育者を続けていると、子どもの声にハッとさせられることがあると思います。世の中の事象に対して、そんなふうに感じているのか、大人になると考えつきもしないことを感性豊かに表現してくれます。
　レイチェル・カーソンという生物学者は、そういった子どもの感性をセンス・オブ・ワンダー（不思議さに目を見張る感性）と呼びました。同じ世界に生きているようで、子どもは大人とは違う世界を生きているのです。

❷ 子どもの感性を探る

　子どもは自分が生きる世界をどのように見ているのだろうか？　わからないなら直接聞いちゃえ、ということで、ヨーロッパの国々を中心に、「子ど

もの声を聴いて保育に生かすとりくみ」が広がっています。

まずは、モザイクアプローチ。イギリスのアリソン・クラーク博士が開発した手法で、このとりくみをきっかけに世界中に子どもの声を聴く実践が広がりました。

子どもの声に耳を傾けるために、写真を用いたり、子どもにインタビューをしたり、子どもの描いた絵、おもちゃを使ったロールプレイなど、複数の方法を用います。そうやって聴き取った子どもの声のかけらを組み合わせて一つにしていくことから、モザイクアプローチと名づけられました。

Clark, A., & Moss, P. (2001). Listening to young children: The mosaic approach. Second Edition. London: National Children's Bureau Enterprises.

このアプローチは、いくつかの方法論の中から、目的に応じて、あるいはそれぞれの保育現場の実情に応じて選択して実践できます。とくに、オモシロイと評判なのが、写真を使って子どもの声を聴き取る実践です。

4・5歳ぐらいの子どもにデジタルカメラを持たせて、自分が通園している施設の中で、「好きなところを写真に撮ってきて」と伝えます。そして、撮ってきた写真を見ながら、その理由を聴き取り、子どもに見えている施設の環境を理解するのです。

日本語で「写真投影法」と名づけられたこの実践。日本で展開されている写真投影法の実践をご紹介しましょう。

❸ 子どもの声を保育環境の改善に生かす

ある公立幼稚園では、5歳児15名が撮ってきた「好きな場所」「変えたい場所」の写真をもとに一人ひとり聴き取りをし、その結果を図にまとめました。すると、担任保育者が事前に想像していた「好きな場所」（あの子はきっと「あの」場所の写真を撮ってくるに違いない）と異なる写真を撮ってきた子どもたちもたくさんいたのです。同じく「変えたい場所」も想像とは違う写

真が出てきました。

　また写真を撮ってきた理由にも個性が表れます。好きな場所については、自分が大好きな遊びができる場所を撮る子どももいれば、仲よしの友だちと一緒に遊んだということを理由にする子どももいます。変えたい場所についても、「おもしろくない、いやだから変えたい」という消極的な思いだけではなく、「いまでも楽しいからもっと楽しくしたい」という積極的な思いで写真を撮ってきた子どももいました。

　「同じ写真を撮った子がいないように、感じる思いや遊びは一人ひとり変わってきます」とは担任保育者の言葉です。写真投影法を通して、保育者は、子どもが撮ってきた写真やその理由のみでなく、そこからふだん子どもたちが遊んでいる姿や子どもたち同士のかかわり、また家庭などの背景にも目を向け、子どもたち一人ひとりの思いを想像し、当たり前に理解していたと思う姿も改めて見直しました。

　そういったプロセスを通して、もう子どもたちの中で終結しそうだと思っていた遊びに、まだまだ関心が向けられていたことにも気づくなど、子どもたちの声から、次にクラスですすめていく活動の構想が浮かんだことが明らかにされています。（植村結花・松井剛太「子どもの声を聴くことで支える遊びの展開──写真投影法の実践から」『香川大学教育実践総合研究』No35、2017 年）

❸ 子どもが子どもの前で語る

　香川県まんのう町の琴南こども園では、子どもたちの遊びのことは、子どもたちが一番わかっているはず、との考えから、遊びのふり返りに、子どもが子どもの前で語るということを大切にしています。

　お話をしたい子どもが前に出て、保育者に支えられながらみんなに向けて話をします。保育者は、子どもが選んだ写真をホワイトボードにはり、子どもたちの声を文字にしていきます。自分の好きな遊びをみんなの前で生き生きと話してほしい。そんな保育者の願いが伝わってきます。興味津々で

聴く子どもたち、話そっちのけで写真を眺める子どもたち、反応はさまざまですが、互いの遊びを共有し、次の遊びの発想をつなげています。

みんなで自分たちの遊びをつくっていく。保育者は、子どもたちの声を大切にしながら、保育にとりくんでいます。

❹ 保育者が教えて子どもが教わる、をひっくり返す

えっ、子どものことがわからなかったら子どもに聴いてみる、保育にゆきづまったら子どもに聴いてみるって仕事の放棄じゃないかって？

いえいえ、子どもの声を聴くというのは、簡単なようでむずかしいことです。保育者が子どもの声を価値あるものと考え、真剣に耳を傾け、実際にその声に応答する環境をつくることをしなければ、子どもに見抜かれてしまうでしょう。この人には言っても伝わらないと思ったら、子どもは声を発してくれません。保育者が教える側で、子どもは教わる側という立場の転換が求められます。子どもの遊び場、活動や遊びは、保育者が用意するもの・決めるものではなく、子ども自身の声を出発点に子どもとともにつくっていくもの。そういういままでと違う学習観に身を投じることができなければ成立しないとりくみなのです。

どういう方法や聴き方をしたら、子どもの感性が声として聴き出せるのか。さまざまに試してみて、あなたの園に適した方法を開発してみませんか。

おわりに

―― 卒園して数年たったあるとき、本棚のメモリーを広げてみる。幼いころから何度となく開いた。「これはね～、こんなことしてるところなんよ」「楽しそうやん、すごいな～」。親と一緒に見ながら何度もくり返した会話だ。いつしか親と見るのが恥ずかしくなり、リビングから自分の部屋の本棚へと移動した。小さいときのことはあまり憶えてないけれど、メモリーの中のことは記憶に刻まれている。幸せそうな、楽しそうな自分の姿とともに。――

メモリーは、保護者との、そして保育者同士の対話によって綴られていく。そして最後に、その子本人の心と対話する日がくると私は思います。そのときはじめて、完成するものなのかもしれません。

気がつくと5年間続いていた私たちのラーニングストーリー「メモリー」。試行錯誤は続き、いまも迷いながらすすんでいます。こう言うと「むずかしそう」「大変そう」と思われるかもしれません。たしかに大変なこともあります。でも、思いきって「はじめの一歩」を踏み出したことで、職員は成長しました。保護者とともに子どもの育ちを喜び合う――簡単そうでむずかしい、でも一番大切なことを、目に見える形でできるようになりました。

もしこの本を見て「なんだか楽しそう」と感じてくださったとしたら、まずは簡単なところからはじめてみてください。私たちと同じように、きっと楽しさややりがいを感じることができると思います。そして、子どもたちや保護者のうれしそうな笑顔が、続けるためのエネルギーになってくれるはずです。

おわりに

　ラーニングストーリーは、人生のストーリーのはじめの一歩。
　一人ひとりの幸せを願って贈る、私たち保育者ができる子どもたちへの最高のプレゼントだと思います。

　最後に、松井剛太先生にこの場を借りて御礼申し上げたいと思います。私たちの園に目を留めてくださり、保育を変えるチャンスを与えてくださったことにとても感謝しております。ありがとうございました。

2018年7月

丸亀ひまわり保育園
園長　髙橋真由子

本書に掲載したメモリー・記録・原稿の作成・検討メンバー

高橋蓉子（前園長）・髙橋真由子・吉田葉子・野口千恵・飴野亜美・新田光里・藤井理恵・近藤愛里・向畑真帆・中野綾・三木凜・三村幸代

装幀──山田道弘
イラスト──柏木牧子
本文デザイン・組版──モグワークス

p6『糸』作詞 中島 みゆき／作曲 中島 みゆき
ⓒ 1992 by Yamaha Music Entertainment Holdings, Inc.
All Rights Reserved. International Copyright Secured.
（株）ヤマハミュージックエンタテインメントホールディングス 出版許諾番号 18303P

子どもの育ちを保護者とともに喜び合う
ラーニングストーリー はじめの一歩

2018 年 8 月 25 日　初版発行

著　者　丸亀ひまわり保育園
　　　　松井剛太

発行者　名古屋研一
発行所　（株）ひとなる書房
　　　　東京都文京区本郷 2-17-13
　　　　電　話 03(3811)1372
　　　　Ｆ Ａ Ｘ 03(3811)1383
　　　　e-mail hitonaru@alles.or.jp

ⓒ 2018　印刷／中央精版印刷株式会社
＊落丁本、乱丁本はお取り替え致します。